DIGITAL, UMA MUDANÇA CULTURAL

EMERSON BENTO PEREIRA

DIGITAL, UMA MUDANÇA CULTURAL

Como a tecnologia impacta o dia a dia de pessoas, escolas, empresas, igrejas, governos e ONGs

Digital, uma mudança cultural coroa uma década de trabalho de Emerson Pereira à frente do Diretoria de Tecnologia Educacional do Colégio Bandeirantes. Foi em 2013, recém-chegada de um MBA nos Estados Unidos e iniciando a minha própria trajetória no colégio, que levei para a diretoria a ideia de convidar o Emerson, gerente de Marketing à época, para liderar o time de Tecnologia Educacional. Incoerente, ousado? Não. O colégio acabara de passar por uma consultoria que sugeria a contratação de uma pessoa que não viesse do mundo dos *"bits and bytes"*. A liderança do Band, como um todo, sempre viu na figura do Emerson um profissional com excelente visão de mercado, ideias inovadoras e focado em perpetuar dentro do colégio um de seus maiores valores: o pioneirismo. Para completar o encaixe para a nova missão, mesmo como gerente de Marketing, era ele quem liderava iniciativas pedagógicas de pilotos de ensino adaptativo (que ainda nem tinham esse nome). Convite aceito e, dez anos depois, muitos aprendizados para dividir.

No livro, Emerson consegue resumir como foi essa jornada, e os desafios de transformar o ambiente escolar, naturalmente mais conservador, em um ambiente aberto ao digital. É necessário destacar que não era "qualquer ambiente escolar": foi uma mudança profunda, em uma escola de renome, numerosa (com cerca de 3.000 alunos e 200 professores) e com 80 anos de sucesso. Fomos contra o famoso "em time que está ganhando, não se mexe"!

Para além dessa experiência prática, o livro aborda pontos importantes como as transformações significativas que vivemos em nossa sociedade: a mudança nos papéis da família, Igreja, Estado e empresas. E quais as características do líder de uma empresa diante dessas mudanças? Todos esses temas são discutidos com muito embasamento, citando a Teoria de Redes, de Paul Baran, e fazendo referência ao "mundo caórdico" de Dee Hock.

Isso faz com que os aprendizados contados no livro possam sair do âmbito do setor educacional e ganhar empresas e ONGs. Vale dizer que não é um livro sobre tecnologia, é sobre inovação na sua essência.

HELENA DE SALLES AGUIAR
Diretora de Planejamento e Integração do Colégio Bandeirantes

O livro *Digital, uma mudança cultural*, de Emerson Pereira, apresenta uma preciosa síntese das mudanças que as tecnologias da informação realizaram nos últimos 40 anos, culminando com a disrupção que ocorreu nos últimos 10 anos, afetando com profundidade a forma como as pessoas, os grupos, as organizações na sociedade se relacionam umas com as outras.

O autor desenvolve conceitualmente como ocorreram essas mudanças na sociedade para, em seguida, abordar as mudanças na educação, especialista que é em gestão educacional.

A vivência, os desafios, as frustrações, vitórias, derrotas, incompreensões, são relatadas com humildade, dando ao leitor uma perspectiva real das dificuldades de liderar um processo em uma empresa, Colégio Bandeirantes, com uma forte tradição e cultura em tecnologia, que, por outro lado, por essa mesma razão, resistia às mudanças.

Emerson nos conta como, sem entender a cultura, não existe possibilidade de sucesso. Conhecendo há muitos anos a cultura do Bandeirantes – foi aluno, professor, gerente cultural e de Marketing –, procurou de forma muito criativa envolver os educadores, estimulando um forte senso de pertencer às mudanças em andamento. Ainda assim, não faltaram problemas e incompreensões, exigindo paciência, humildade, capacidade de ouvir, resiliência, foco.

O livro nos dá um roteiro real dos desafios, como vencê-los, sem, em nenhum momento, minimizar as dificuldades.

MAURO DE SALLES AGUIAR
Ex-presidente e atualmente responsável pelo Núcleo de Estratégia e Inovação do Colégio Bandeirantes; membro do Conselho Estadual de Educação do Estado de São Paulo

ÍNDICE

PREFÁCIO, por Hubert Alquéres   11

INTRODUÇÃO   15

Capítulo 1
EM BUSCA DE UMA GESTÃO EM REDE   21

Um convite transformador   22
O Bandeirantes e a tecnologia   23
De TI para Digital   26
O desafio da entrega   27
Formação em rede   30
Todos tinham que pertencer à rede   31
Identificação dos parceiros   32
Usando a rede para potencializar o uso da tecnologia   35
Liderar um novo *mindset*   36

Capítulo 2
TEORIA DE REDES E SEU IMPACTO NO MUNDO CONTEMPORÂNEO   39

Surgimento da Teoria de Redes   40
Rede centralizada   41

Rede descentralizada	42
Rede distribuída	42
Nasce a Internet	42
A Teoria de Redes e as instituições	43
Teoria de Redes em outras esferas	43
Na natureza	45
Uma nova topologia de rede para um novo mundo	47
Viver experiências de rede distribuída já era possível	49
As fragilidades da rede distribuída	51
Novos caminhos	54

Capítulo 3
O AVANÇO TECNOLÓGICO NOS POSSIBILITANDO A VIDA EM REDE — 59

Somos construtores de hierarquia	60
A hierarquia e o ego	61
Computadores pessoais	63
Computadores individuais	64
Relações assíncronas	65
O lado "da sombra" da cultura digital	67
O mundo em rede e a vulnerabilidade	70
A queda das estruturas tradicionais	72

A transição da escola para um novo modelo	74
Igreja	76
Empresas	79
Famílias	83
Estado	85
Rede distribuída fomenta diversidade	89

Capítulo 4
A TRANSIÇÃO — 93

Vida híbrida	94
Duas estruturas diferentes	96
Aumento do descontrole	99
Caórdico	100
O Espaço Caórdico provocado pela rede distribuída	102
O líder vulnerável	108
O salto do trapézio	112

Capítulo 5
O LÍDER NA ERA DIGITAL — 115

Liderança para a transformação digital	116
Transformação: problema ou oportunidade	117
O líder em um espaço caórdico	121

O que fazer com o ego nessa hora   121

Novos olhares para um novo mundo   123

EPÍLOGO   127

Mainframe   127

Personal Computers (PCs)   129

Wi-fi e *Smartphones*   131

Inteligência Artificial   133

Um novo salto cultural   135

Zeitgeist   136

ALGUMAS DICAS E REFERÊNCIAS QUE USEI PARA ESTE LIVRO   143

AGRADECIMENTOS   145

PREFÁCIO

> "Tudo corre tão depressa
> Se você tropeça
> Não vai levantar.
> Tudo corre tão depressa
> As motocicletas
> Se movimentando
> Os dedos da moça
> Datilografando
> Numa engrenagem de pernas pro ar"
>
> Alceu Valença

Corriam os primeiros anos da década de 1970 quando Alceu Valença expressou em sua música a perplexidade do ser humano diante de um mundo em transição. Vivíamos na era analógica. Sem internet, os computadores eram gigantescos – os chamados *mainframes* – e as redações de jornais, lotadas com máquinas de datilografia. E sem *smartphones*, essa poderosa maquininha que cabe na palma da mão e que décadas depois provocaria uma verdadeira revolução na forma das pessoas de se relacionar e interagir.

De lá para cá, o mundo viveu mais duas revoluções industriais: a Terceira e a Quarta Revolução Tecnológica, esta ainda em curso. Ingressamos, assim, numa era de intensas transformações em uma velocidade jamais vista na história da humanidade. E estamos apenas no seu limiar, com a Inteligência Artificial, na sua fase generativa, dando os primeiros passos. Transformações tão profundas e intensas talvez encontrem paralelo com a era do Renascimento, quando a humanidade deu um salto gigantesco.

Mudanças profundas sempre trazem em si incertezas. Como aconteceu nas revoluções industriais antecessoras, também na Quarta Revolução profissões tradicionais desaparecerão e novas surgirão. É um processo natural e decorrente dos avanços tecnológicos. Quem hoje se lembra que um dia existiu a profissão de alfaiate ou de operador de telex? Mapas e guias de cidade simplesmente desapareceram com o surgimento do GPS. A datilógrafa cantada em prosa e verso por Alceu é coisa de um passado, a esta altura, distante.

O singular das transformações em curso é que elas geraram uma nova cultura: a digital. Uma prova disto são empresas e serviços como Amazon, Spotify, Netflix, Uber, iFood, Airbnb. Ou as *big techs* como Apple, Microsoft, Google, Meta. E todas as redes sociais.

O primeiro mérito do presente livro é exatamente a constatação de que essa é a grande mudança em curso. Temos hoje as primeiras gerações formadas em um mundo inteiramente digital. Como o livro demonstra, a mudança de mentalidade e o advento de novas tecnologias incidiram em todas as atividades humanas. Estruturas rígidas e hierarquizadas deram lugar a relações mais flexíveis e horizontalizadas.

Nesse mundo hiperconectado, mesmo estruturas milenares como a igreja e a família também tiveram de se adaptar aos novos tempos. Quem não mudar corre o risco de desaparecer, pois o processo em curso vem alterando o modo de as pessoas produzirem e pensarem o planeta.

O segundo grande mérito do livro é abordar os impactos da disseminação da cultura digital e das inovações tecnológicas na Educação.

Assim como o chão de fábrica de hoje, automatizado e robotizado, pouco tem a ver com o da era do fordismo e da produção em linha, o chão da escola também passa por intensa transformação.

Aquelas salas de aulas com arquitetura rígida, cadeiras enfileiradas e aulas expositivas, onde as relações eram hierarquizadas e nas quais os professores detinham o monopólio do conhecimento, deram lugar a ambientes mais flexíveis e a uma redefinição, tanto do papel do professor, como dos alunos, no processo de aprendizagem. Hoje o professor é muito mais um facilitador da aprendizagem, enquanto não se concebe mais um ensino no qual os alunos não desempenhem, também, papel de protagonistas em sua formação escolar e como seres humanos.

Em um mundo volátil, incerto, complexo e ambíguo, como o definiu a OCDE, aumentaram as responsabilidades das escolas, intimadas a formar nossas crianças para profissões ainda inexistentes, mas que existirão quando completarem seu ciclo de aprendizagem. Desenvolver as habilidades socioemocionais nos alunos passa a ser tão importante quanto fornecer um ensino acadêmico de forte conteúdo. A sociedade e o moderno mercado de trabalho exigem de nossos jovens saber discernir o certo do errado, espírito colaborativo, trabalhar em equipe, capacidade de liderança, resiliência.

Com a Inteligência Artificial, outra habilidade passou a ser fundamental: nossos jovens precisam saber fazer as perguntas certas. Para isso, precisam ter referências culturais, pensamento crítico e autônomo, capacidade de argumentação.

Com os pés no chão, Emerson nos chama a atenção para as zonas de sombras criadas em uma sociedade que vive e se comunica em rede. Entre elas as *fake news*, a desinformação, a disseminação do ódio e da polarização. Preparar nossos jovens para não se contaminarem por elas passa a ser uma das grandes missões da educação contemporânea.

Mas sua mensagem é de otimismo, diante das enormes possibilidades de se ofertar uma educação de qualidade a partir do grande salto dado pela tecnologia educacional, na presente quadra histórica. Reconhece as incertezas advindas do processo de mudança, mas não teme o novo, porque sabe de seu potencial para a construção de um mundo mais harmônico e cooperativo.

Sabe do que está falando. E o faz com autoridade. Desde 2013 dá palestras em diversos congressos de educação e é o diretor de Tecnologia Educacional do Colégio Bandeirantes, uma instituição que nunca temeu as inovações e soube se antecipar a elas, tendo no seu DNA o compromisso com uma educação moderna e inclusiva. O Band, como carinhosamente todos o chamamos, foi pioneiro na incorporação de avanços da tecnologia educacional, desde a sua fundação. E assim tem se pautado nos oitenta anos de sua existência.

Emerson trata com rigor científico o tema de seu livro. Mas o faz com estilo literário. É uma obra voltada não apenas para o restrito público de especialistas em tecnologia educacional. É plenamente acessível a um público mais amplo, que aprecia uma leitura fácil e, ao mesmo tempo, enriquecedora.

HUBERT ALQUÉRES
Presidente da Academia Paulista de Educação, foi professor no Colégio Bandeirantes e na Escola Politécnica da USP e secretário Estadual de Educação (SP)

INTRODUÇÃO

Escrever um livro é um momento especial. É uma oportunidade única para solidificar conceitos, estruturar ideias e compartilhar *insights*. Neste momento de profundas transformações que estamos vivendo, essa é uma oportunidade preciosa.

Minha carreira sempre se baseou em inovação, mesmo quando esse ainda não era o grande tema dos congressos, seminários e palestras no Brasil e no mundo. Nos anos 1990, quando se falava muito em qualidade, em eficiência, nos Sigmas, eu enxergava essas questões sob o prisma da inovação. Dessa forma, quando a inovação passou a ser a palavra de ordem no mundo corporativo, me senti muito confortável, pois o tema já fazia parte do meu universo há alguns anos.

Ver os primeiros *smartphones* que chegaram ao mercado, pouco mais de dez anos atrás, foi um "momento de iluminação". Afinal, perceber que temos algo transformador em mãos é um fato que não ocorre com frequência. Alguns anos antes disso, havia me interessado pelos *palmtops*, que pouca gente usava na época no Brasil. Em vez de usá-los somente como agendas pessoais, procurei entender as demais possibilidades de uso daquele equipamento. Baixava aplicativos em uma época em que pouco se falava no assunto. Ainda assim, quando apareceram os *smartphones*, tinha somente uma pequena noção da transformação que viria pela frente.

Percebia que ter um "computador na palma da mão" daria às pessoas um acesso muito mais amplo a aplicativos e tornaria a sua vida mais prática, mas não tinha entendido o quanto as relações pessoais iriam mudar por causa daquele aparelho que, em poucos anos, deixou de ser uma novidade para virar um objeto de desejo e, então, um equipamento essencial na vida de todos nós.

Mais ou menos nessa mesma época, tive outro "momento de transformação": conheci a Teoria de Redes. Ao tomar contato com as ideias de Paul Baran sobre a construção de redes de informação e compreender como aquilo tudo fazia sentido na realidade que estávamos começando a viver, comecei a conectar a Teoria de Redes com as máquinas que iam para as mãos das pessoas. Percebi que quando todos estivessem conectados haveria uma revolução, disparada por uma mudança profunda na topologia das redes de relacionamento. E essa revolução mudaria a forma como vemos o mundo.

2013, a vida em rede aflorava

A primeira ocasião, de fato, em que pudemos sentir no Brasil o poder das redes foi em 2013, durante as manifestações populares que, em São Paulo, foram impulsionadas por uma revolta contra o aumento do preço das passagens de ônibus e acabaram se transformando em grandes protestos contra a corrupção e as injustiças sociais. Dois dias antes da primeira manifestação, era possível "sentir nas redes" a onda se formando.

Lembro que fui aquela noite ao Largo da Batata, em São Paulo, com a expectativa de ver no máximo umas 5 mil pessoas. Me enganei redondamente: as pessoas chegavam, celulares nas mãos, e logo a praça estava lotada. Ao mesmo tempo em que era muito bonito ver uma manifestação que nascia sem liderança, a partir da convocação feita pela própria população nas mídias sociais, ficou uma grande interrogação: afinal, o que esse movimento todo queria? Não havia um foco definido, um tema que agregasse todo mundo. Foi uma experiência muito rica perceber que a forma de discutir e resolver problemas muda completamente quando aumentamos a conectividade, e consequentemente, a interação entre as pessoas.

A partir daí, comecei a pensar em como levar esse movimento de redes para o ambiente de trabalho, especialmente para a instituição de ensino onde atuo. Profissional de marketing, justamente nesta época fui convidado a assumir a área de tecnologia e percebi que seria uma oportunidade de mergulhar nessa história com mais consistência e um foco claro. Aprofundei as reflexões sobre a transformação digital da sociedade e comecei a trabalhar implementando essa nova estrutura.

Refletir sobre as transformações nas estruturas tradicionais foi o que me inspirou a escrever este livro. Precisamos registrar este momento de indefinições que estamos vivendo. Hoje vivemos a transição de um mundo descentralizado (hierarquizado) para um mundo distribuído (sem, ou com poucas, hierarquias). Vivenciar este momento híbrido é empolgante, mas ao mesmo tempo causa insegurança e confusão. Trata-se de construir algo novo, o que só acontecerá com qualidade se houver diálogo e entendimento.

Este livro é uma reflexão sobre esse momento em que vivemos. Uma fase da história de grandes transformações e na qual pode ser muito difícil, no calor dos acontecimentos, entender o que acontece.

Que possamos compreender este momento e passar por ele com menos conflitos e mais entendimento.

A dificuldade de atuar em rede

A topologia das redes de comunicação aprofunda uma angústia que temos sentido cada vez mais na sociedade. As estruturas tradicionais, como igreja, Estado, empresas, escolas e família, são baseadas em um paradigma hierárquico e estão perdendo seu *status* de alicerces do tecido social. Temos cada vez mais oportunidades de buscar estruturas distribuídas para obter e compartilhar informação, para nos estruturarmos em sociedade, enfim, para viver. Entretanto, nosso *mindset* faz com que busquemos o conforto das estruturas hierárquicas tradicionais, em vez de enfrentar o desconhecido de algo ainda em criação.

Para boa parte da população, nunca houve um mundo que não fosse em rede. Os "nativos digitais", para usar a expressão de Marc Prensky, já estão provocando fortes mudanças na maneira como nos comportamos e nos expressamos. O choque já acontece, por exemplo, nas escolas, em que as crianças não se adaptam aos métodos tradicionais de ensino, baseados em um professor que dissemina a informação "de cima para baixo". Os alunos aprendem em rede, com seus colegas, com o acesso a múltiplos meios de informação, e questionam a relevância dos currículos escolares tradicionais. Esse processo de rompimento (ou disrupção, para usar outra expressão muito em evidência) também está acontecendo nas igrejas, nas empresas, nas famílias e nos governos. Não é à toa que vivemos tempos tão estranhos, em que a verdade absoluta foi substituída por um bombardeio de informações (nem sempre verdadeiras) e as mídias sociais se mostram capazes de eleger políticos que não encontravam voz nas mídias tradicionais.

Tradicionalmente, a educação era transmitida por alguém mais experiente para pessoas com menos conhecimento. Hoje, porém, ela precisa ser construída em conjunto. Em todo o mundo, educadores já têm consciência disso e, por isso, falamos muito claramente em educação por projetos, em menos aulas expositivas e em mais trabalho "com a mão na massa". Essa, porém, ainda é uma escola muito cara pelos padrões tradicionais de construção de conteúdo. Mais mudanças ainda virão, certamente.

Muitas empresas, especialmente as do setor de tecnologia, estão buscando novas formas de organização para construir algo junto com os funcionários e com a comunidade em geral. Essas companhias (e o exemplo mais claro vem do Vale do Silício) percebem o mundo de forma diferente: com excesso de transmissão de conhecimento, com um tempo mais achatado. Aquele modelo em que o mundo mudava muito devagar e em que havia tempo para entender como ele girava não existe mais. Tudo muda muito rápido e, com isso, quase nada é permanente: quase tudo se torna transitório, efêmero. Saber conviver com essa efemeridade, ao mesmo tempo em que se desenvolvem negócios, se constroem relações e se aprende, é a grande exigência desse novo mundo.

Isso traz questões importantes ligadas ao desenvolvimento pessoal, pois exige que as pessoas tenham mais autoconhecimento. Ao mesmo tempo, precisam desenvolver a interdependência, que é o senso de coletividade. Os *Millennials* começaram a levar esse *mindset* para as empresas, clamando por um nível maior de consciência acerca do que fazer com a vida coletiva. É por isso que se fala tanto hoje em dia em senso de propósito, valores e princípios, coisas que passavam ao largo das gerações anteriores (para quem ganhar o sustento era o mais importante).

O ambiente em alta velocidade e alta conectividade aumenta a necessidade de aquietar a mente para lidar com o imenso volume de informação. Isso explica o crescimento da procura por meditação, esportes e outros momentos de "solitude", em que as pessoas têm a oportunidade de se isolar dos *inputs* do mundo exterior. Essas pausas são importantes para impedir que as pessoas entrem em um estado contínuo de tensão, que acirra os ânimos e cria violentas discussões *online*. Que, não raro, transbordam para toda a vida.

CAPÍTULO 1

EM BUSCA DE UMA GESTÃO EM REDE

> "Quando se torna necessário desenvolver uma nova percepção das coisas, um novo modelo interior da realidade, o problema nunca é fazer com que as novas idéias entrem, mas com que as velhas saiam. A mente está sempre cheia de mobília velha. É familiar, é confortável. Odiamos ter de jogá-la fora. A velha máxima tantas vezes aplicada ao mundo físico "A natureza tem horror ao vácuo" se aplica muito mais ao mundo mental. É só abrir espaço na mente, retirando antigas perspectivas, que as novas percepções entram correndo. No entanto, isso é o que mais tememos."
>
> Dee Huck – *O Nascimento da Era Caórdica*

Um convite transformador

Era meados de 2013 quando recebi uma proposta que de fato iria mudar não só a minha vida como também o dia a dia da escola onde eu trabalhava. O convite parecia simples, mas a complexidade só foi se mostrando à medida que caminhamos com o projeto. Assumir a Diretoria de Tecnologia Educacional do Colégio Bandeirantes, onde já trabalhava há muitos anos, era por si só uma grande responsabilidade, mas naquele momento já intuía que a mudança era maior do que simplesmente mudar as tecnologias. Vivíamos uma mudança cultural impulsionada pelo uso de *smartphones* e *tablets*, as redes *wi-fi* e 4G e os servidores em nuvem. A principal mudança não era a tecnologia, mas sim a forma como as pessoas passavam a se relacionar.

De fato, o surgimento dessas novas tecnologias trouxe mudanças significativas na cultura como:

- A capacidade de se conectar à internet em qualquer lugar e a qualquer hora, permitindo que as pessoas se comuniquem facilmente entre si, independentemente da sua localização;
- A possibilidade de as pessoas poderem compartilhar suas vidas e interagir em tempo real com amigos e familiares, criando uma nova cultura de autoexpressão e conexão social;
- A forma como as pessoas consomem notícias, entretenimento e conteúdo em geral (em qualquer lugar e a qualquer hora);
- Nos relacionamentos pessoais, a comunicação face a face tornou-se menos frequente, e a comunicação por mensagens de texto e aplicativos se tornou mais comum;
- Passamos a comprar de qualquer lugar e a qualquer hora;

o comércio eletrônico ganhou uma nova dimensão com os *smartphones*, mudando a forma como as pessoas compram e interagem com as marcas.

Essas são apenas algumas das principais mudanças culturais que aconteceram com a chegada das novas tecnologias. O impacto na cultura é enorme, e as mudanças continuam acontecendo à medida que as tecnologias móveis se desenvolvem ainda mais.

O Bandeirantes e a tecnologia

O Colégio Bandeirantes é uma das mais prestigiadas escolas do país, com mais de 80 anos de existência. Comprovando sua excelência, seus alunos são aprovados nas melhores universidades, tanto no Brasil quanto no exterior. Isso reflete o compromisso da escola em ajudar a formar a elite intelectual do estado de São Paulo e do Brasil.

Os ex-alunos ilustres do Bandeirantes incluem não apenas figuras da política, como os ex-governadores Mário Covas e Alberto Goldman, mas também grandes personalidades da medicina, como Adib Jatene e Raul Cutait. A escola também é referência na formação de líderes em diferentes setores, incluindo engenharia, advocacia e educação. Alexandre de Moraes, atual ministro do STF, e Fernando Haddad, ex-prefeito de São Paulo e ex-ministro da Educação, são exemplos de ex-alunos que comprovam a qualidade do ensino do Bandeirantes. A escola também teve em suas cadeiras alguns dos mais renomados publicitários do Brasil e é parte da formação de grandes nomes do teatro e da televisão, como Raul Cortez e Aracy Balabanian, cujos trabalhos influenciaram gerações.

Essa lista de ex-alunos notáveis destaca o impacto positivo do

Colégio Bandeirantes na história cultural, científica e política do Brasil. Com sua tradição de excelência acadêmica e compromisso com a educação, a escola continua a moldar a próxima geração de líderes e influenciadores do país.

O Bandeirantes é uma escola que sempre usou muito tecnologia. Desde a sua fundação, a tecnologia esteve presente no dia a dia dos alunos. No início, em 1944, estava presente nos equipamentos dos laboratórios. Sempre equipamentos de ponta. Me lembro de que, mesmo no início dos anos 1990, quando fui fazer a faculdade de Engenharia, percebi que os laboratórios do colégio (onde estudei) eram incrivelmente superiores.

Nos anos 1970, a escola passou a investir em tecnologia para a gestão escolar. Todo o controle de matrículas e horários, procedimento importantíssimo para a gestão de uma escola, já era apoiado por sistemas informatizados.

A década seguinte, com o surgimento dos computadores de mesa, com os *softwares* educacionais, foi o primeiro momento em que a tecnologia chega à sala de aula. Pioneiramente, foram distribuídos *softwares* em disquetes para os alunos; assim eles podiam usar em casa as ferramentas que eram utilizadas nos laboratórios de informática. A escola mantinha laboratórios modernos que também apoiavam as aulas de programação, das quais fui aluno e depois professor.

Os anos 1990 foram marcados pelo surgimento de uma nova e importante tecnologia, a Internet. O Band foi o primeiro provedor gratuito de internet do Brasil. Todos os alunos e pais receberam suas contas de internet e puderam acessar os *sites* com conteúdos. Depois do Band, vieram o Zipnet e o Bol também provendo internet gratuitamente. Esse era o legado que recebia a partir do convite feito. Ao mesmo tempo, uma honra e uma responsabilidade enorme.

Embora tenha recebido um valioso legado de tecnologia, era crucial fazer mudanças significativas para inovar e adotar novas tecnologias que ajudariam a construir um futuro eficiente.

Foi uma fase de muitos acertos e muitos erros. O espírito pioneiro do Colégio aumentou o desafio porque não tínhamos escolas para nos inspirar e fazer *benchmarking*. Era tudo muito novo. Os desafios iam de encontrar uma metodologia para formação dos professores a conseguir ter mais de três mil máquinas conectadas em nossa rede e garantir uma boa performance. Esse momento de aprendizagem nos fez entender que, ao adotar novas tecnologias, é preciso tomar alguns cuidados para garantir uma transição bem-sucedida:

- Analisar as necessidades: avaliar quais tecnologias serão mais adequadas para as demandas da empresa ou projeto.
- Planejar a transição: investir tempo na formação da equipe para a adoção da nova tecnologia.
- Testar as tecnologias: garantir que as novas tecnologias e os equipamentos funcionem corretamente e atendam às necessidades do projeto.
- Avaliar as preocupações de segurança: compreender os possíveis riscos antes da adoção.
- Não abandonar o legado de tecnologia antiga: utilizar tecnologias antigas em conjunto com novas.
- Obter o suporte necessário: contar com o apoio de treinamento e tecnologia para garantir o sucesso da transição.

A adoção de novas tecnologias pode ser emocionante, mas é importante estar preparado e ser cuidadoso para garantir uma transição suave e bem-sucedida.

De TI para Digital

Vale lembrar que, em 2013, os equipamentos *mobile* eram muito recentes. Para se ter uma ideia, os iPhones surgiram em 2008 e os iPads em 2010. Já saltava aos olhos a profunda mudança que viria. Rapidamente se notava que as máquinas poderiam estar dentro da sala de aula sem que o *design* dela mudasse tanto.

Até aquele momento, para se usar um computador pedagogicamente era preciso ir para a sala de aula de informática, que tinha como característica, via de regra, alunos trabalhando em duplas nas máquinas das escolas. Os computadores não estavam em todas as salas de aula porque eles eram grandes e, além de ocupar muito espaço, "escondiam" os alunos uns dos outros. Estas salas também eram maiores do que uma sala típica de aula, por conta de toda a estrutura necessária para um bom desenvolvimento do ensino com tecnologia.

Os equipamentos *mobile*, muito menores, traziam mais esse diferencial: poderíamos usar os computadores nas salas de aula comuns, sem impacto no *layout* e tamanho das salas. Trabalhar com computadores em rede sem uma intervenção física grande para passar cabeamento de rede também passou a ser possível com a chegada das redes *wi-fi*.

Uma das coisas que eu dizia para a equipe que passava a liderar é que não mais teríamos o laboratório de informática, e sim 41 salas de aula usando a tecnologia. Era uma mudança cultural profunda. Todos os professores precisavam ter habilidades com as máquinas e *softwares*. A própria equipe de tecnologia educacional teria que rever a forma como trabalhava, porque não mais atenderia apenas o Laboratório de Informática, mas poderia ter a demanda de 41 salas de aula no mesmo momento. Tornava-se fundamental que os professores desenvolvessem autonomia digital para que a qualidade das aulas de fato ocorresse.

Até aquele momento, a tecnologia usada pelos alunos poderia ser estudada pela equipe de tecnologia educacional que montava as aulas e cuidava da turma durante a aula. Com isso, a formação dos professores no uso de tecnologia não era vital para que a escola oferecesse aulas nos laboratórios de informática.

Com a transformação digital que viveríamos, ficaria impossível não contar com os professores num projeto em que todas as aulas poderiam ser apoiadas pelas máquinas. Portanto, para que a proposta desse certo a formação dos professores era importantíssima; não daria para transformar a forma como utilizávamos as máquinas, se os professores não comprassem a ideia.

O desafio da entrega

Os desafios eram muitos, mas o maior ponto crítico de sucesso estava em fazer com que os professores adotassem as novas tecnologias.

A falta de habilidade digital deixava os professores inseguros para utilizar novas tecnologias, porque não tinham experiência ou conhecimento suficiente para enfrentar os desafios do mundo digital. Além do mais, eles têm uma carga de trabalho muito elevada e sentiam que tinham pouco tempo para se adaptar à tecnologia. Também é justo dizer que tinham preferência pelas práticas tradicionais porque as consideravam mais eficazes, o que potencializava a resistência às mudanças em sua maneira de ensinar.

Outro fantasma que aterrorizava os mestres era a preocupação de que a tecnologia pudesse substituí-los. Uma grande bobagem.

Os professores são insubstituíveis porque possuem habilidades e atributos que vão além da transmissão de informações, que é algo que as novas tecnologias podem fazer de maneira eficiente. Os professores são capazes de inspirar e motivar os alunos, criando um ambiente de aprendizagem positivo e acolhedor. Eles são capazes de adaptar seu método de ensino às necessidades de cada aluno, oferecendo um suporte personalizado e atendendo às exigências do processo de aprendizagem. Os professores também são críticos e capazes de incentivar o pensamento crítico em seus alunos, ajudando-os a desenvolver seu potencial cognitivo. Eles podem fornecer *feedback* adequado e individualizado, além de mediar discussões em grupo e promover a participação ativa dos alunos na aula.

Enquanto as novas tecnologias são uma ferramenta importante e útil na educação, elas não podem substituir completamente o papel vital dos professores na sala de aula. Os professores são fundamentais para oferecer uma educação mais completa, que envolve formação de valores, habilidades socioemocionais, interação com as outras pessoas e a comunidade. Ou seja, a tecnologia pode auxiliar o processo de ensino-aprendizagem, mas não pode substituir a figura do professor, que é um elemento essencial para o sucesso e a formação integral dos alunos.

De qualquer forma, cada professor poderia ter suas razões específicas para resistir às novas tecnologias, mas era importante que a escola oferecesse formação em Tecnologia Digital, bem como conscientização sobre os benefícios das novas tecnologias na sala de aula, ajudando os professores a compreender e valorizar o papel da tecnologia no processo de ensino-aprendizagem.

Outro grande desafio vinha do fato de que todos os resultados acadêmicos da escola eram positivos, o que fazia com que a pergunta "por que mudar, se estamos indo bem?" sempre viesse à mesa em momentos de dificuldade.

Percebemos que era importante aumentar a intimidade dos professores com as novas tecnologias. Por isso, fizemos uma pesquisa para saber quantos deles, em 2013, já tinham usado um *tablet*. Cerca de 40% responderam que já haviam experimentado e quase que a totalidade deles disse que gostaria de aprender a usar. Muitos desses 40% eram professores que participavam de um grupo criado em 2012 para analisar como essas máquinas poderiam ser usadas em sala de aula e já vinham fazendo alguns experimentos utilizando laboratório móvel de *tablets*.

O grande ponto positivo dessa pesquisa foi notar que havia o desejo dos professores de aprender a usar essa ferramenta. Isso nos levou a fazer uma das nossas grandes apostas: já no final de 2013, compramos um iPad para cada professor. Com isso, traríamos todos para o mundo digital.

Decidimos entregar os *tablets* no mês de dezembro. Nossa intenção com isso era que os professores começassem a utilizar esses equipamentos nas suas férias. Essa foi uma grande sacada, porque os filhos e os netos dos professores, pessoas com que eles têm forte vínculo afetivo, mostraram várias utilidades dos *tablets* e os professores já começaram a trocar entre eles os aprendizados das férias.

Nascia ali um novo modelo de formação em que apostamos durante todo o processo de implementação de cultura digital na escola, a formação distribuída.

Formação em rede

Desde aquele momento, já era possível notar que a maneira como apresentamos informações às pessoas estava mudando. Atualmente, é comum pegarmos nossos celulares, chamarmos uma pessoa próxima, mostrarmos a tela e falarmos: "Olha como eu faço isso! É interessante, não é?". A pessoa aprende conosco e, em seguida, repete os mesmos frase e gesto para um colega, levando o celular até ele e dizendo: "Olha, esse aplicativo seria muito legal para usarmos dessa ou daquela forma na sala de aula". A formação um para um, com estímulos da área de tecnologia educacional, transformou a maneira como aprendemos a usar tecnologia na escola.

Apesar de intuir que essa abordagem funcionaria, eu me sentia inseguro e a frase "As coisas precisam parecer que são" não saía da minha cabeça. "Ok, eles vão aprender assim, mas vão perceber que estão aprendendo? E se sentirem falta de aulas tradicionais de formação?". Estávamos mudando a metodologia e essa mudança poderia não ser percebida.

Para evitar qualquer risco, decidimos que, na primeira semana de planejamento com os professores, faríamos algumas formações no modelo tradicional.

Foi interessante observar que alguns professores prestavam muita atenção na aula, outros ficavam usando seus *tablets* e mostrando aos colegas o que estavam aprendendo, bem no modelo um para um, e outros mantinham-se bastante dispersos. Ficou claro que precisávamos nos concentrar em uma formação um para um, proporcionando assim uma experiência personalizada e mais eficaz aos professores para que eles se sentissem seguros na adoção de novas tecnologias em sala de aula.

Mais adiante, veremos a teoria que embasa esse conceito, criado pela equipe do cientista Paul Baran nos anos 1960, nos Estados Unidos. A formação um para um se mostrou essencial para a preparação adequada dos professores para um futuro cada vez mais tecnológico e educacionalmente efetivo.

Todos tinham que pertencer à rede

Voltando ao momento da entrega dos *tablets*, a escolha da tecnologia utilizada foi um processo criterioso considerando vários fatores, e decidimos optar pelos iPads da Apple.

Entretanto, sabíamos que essa escolha poderia gerar resistência entre aqueles que preferiam outras opções, como os dispositivos Android. Um dos professores símbolo do uso de tecnologias abertas era também alguém que estava sempre com um semblante muito sério e que dizia aquilo que pensava, doesse a quem doesse.

Para nossa surpresa, a resistência foi menor do que esperávamos. Naquele dia, preparamos uma sala decorada, colocamos cartões e fitas de presente na caixa dos iPads para deixar clara a importância daquele momento. Fizemos uma cerimônia de entrega.

Todos os professores agradeceram e saíram felizes para suas férias, mas houve um momento em que aquele professor de tecnologias abertas entrou no corredor e caminhou em direção à sala de entrega. Fui recebê-lo. Ele entrou com um semblante sério, estendi a mão para cumprimentá-lo e ele perguntou diretamente: "então, vai ser Apple mesmo, não é?"

Eu respondi confirmando e desejei que ele gostasse. Ele olhou profundamente em meus olhos e disse: "se é isso que teremos que aprender, vamos aprender". Foi um grande alívio perceber que a resistência que poderia ter surgido não se materializou e, em vez disso, esse professor transformou-se em um grande aliado na implementação do projeto de cultura digital.

Na semana seguinte, fui almoçar no *shopping* e dei de cara com esse professor, com diversas sacolas da Apple. Fiquei intrigado e perguntei: "Apple, professor?" Ele respondeu com convicção: "se é para aprender, vamos aprender".

Esse episódio ilustra a importância de manter a mente aberta para mudanças, apostar na intuição e em novas oportunidades de aprendizado, independentemente das preferências pessoais. Afinal, o importante é mostrar que existe um caminho a ser desbravado e que, se fizermos juntos, a chance de sucesso é sempre maior!

Identificação dos parceiros

A expectativa para o retorno das aulas era grande: iríamos saber se a nossa estratégia de entregar o *tablet* para os professores usarem durante as férias tinha dado certo, se eles de fato tinham usado as máquinas com seus familiares e, consequentemente, estariam mais familiarizados com a nova tecnologia.

Para nossa alegria constatamos que, sim, eles tinham usado bastante e o medo de usar a nova máquina tinha diminuído. Isso nos ajudou muito no processo de formação porque agora nos restava mostrar como iríamos usar as máquinas tanto na gestão escolar como pedagogicamente.

Assim fomos gradativamente aumentando uso de tecnologia dentro das salas de aula. E, depois de muitos acertos e erros, conseguimos transformar a forma como as pessoas utilizam tecnologia dentro do Bandeirantes. O caminho foi longo e árduo. Houve momentos em que o projeto quase falhou. Eram muitos aprendizados ao mesmo tempo, mas conseguimos.

Em 2023, chegamos a ter 3.800 máquinas conectadas ao mesmo tempo em nossa rede. Dificilmente encontraremos alunos estudando sem o auxílio de uma máquina, seja ela o *smartphone,* um *tablet* ou um *notebook*. Não é diferente com os professores. O uso de computadores por eles cresceu de forma exponencial. Isso fez com que a escola fosse reconhecida em 2014 como uma Apple Distinguished School e em 2015 como uma Microsoft Showcase School. Ou seja, passamos a ser, e somos até hoje, uma referência mundial no uso de tecnologia digital em educação.

Isso tudo só foi possível porque tínhamos uma equipe altamente engajada e uma estratégia focada em aumentar dia após dia o número de professores que aderiam ao nosso projeto digital. Essa adesão se deu muito pela escuta ativa da equipe de tecnologia educacional que sempre buscou entender as necessidades dos professores e dos alunos. E, com as demandas vindas deles, criou muitos projetos que ajudaram no processo de ensino-aprendizagem e também de gestão escolar.

Ouvir os *stakeholders* foi importantíssimo para a adesão à nova forma de usar tecnologia. Uma dessas escutas se deu ainda no retorno daquelas férias. Lembra-se do professor sério que preferia os androids? Pois bem, ele voltou de férias e me pediu alguns minutos para me mostrar algo que havia desenvolvido.

Com brilho nos olhos, ele mostrava o sistema de correção de provas que havia desenvolvido para ele mesmo, mas que achava que podia ser usado por mais professores. O sistema era realmente muito interessante e, como tinha sido desenvolvido por um professor da escola que conhecia a nossa cultura, achei que fazia todo o sentido investir para que todos os professores tivessem acesso.

A forma como resolvemos desenvolver esse sistema foi bastante diferente do que normalmente fazíamos. Decidimos encarar o projeto como o desenvolvimento de uma *startup*. O professor convidou dois colegas para testar o sistema. Numa primeira reunião, dissemos a eles que, por ser um sistema beta, em algum momento eles poderiam ter o retrabalho de tudo o que já haviam feito, mas, se o sistema funcionasse como imaginávamos, o tempo de correção de provas diminuiria bastante.

Foram raras as vezes que eles precisaram fazer novamente o que já tinham feito. Isso foi dando credibilidade ao trabalho. Esses dois professores passaram a ser os grandes divulgadores do projeto. Já neste momento o professor que havia criado a solução estava aprimorando o programa com o apoio fundamental da equipe de sistemas da escola. Estavam transformando aquilo que era um sistema para uma pessoa num sistema em que várias pessoas poderiam trabalhar ao mesmo tempo. Tudo isso exigia uma logística de infraestrutura que também foi providenciada pela escola.

Como resultado, em dois anos, todos os professores estavam adotando o sistema para corrigir suas provas. O motivo é simples: o tempo de correção caiu para quase um terço do tempo total, ou seja, um professor que levava três dias corrigindo as provas passou a fazer essa tarefa em um único dia.

Esse projeto me ensinou algo muito importante: quanto mais a tecnologia ajudar as pessoas a resolver os problemas que elas têm, mais rápida será a sua adoção. Tecnologia que não resolve dor não ajuda, só atrapalha e vira mais trabalho.

Foram projetos como esse que mostraram aos professores o diferencial que a nova estrutura de tecnologia estava trazendo para a escola. Eles perceberam que não queríamos dar mais trabalho para eles, mas sim aumentar a produtividade. Com isso, eles poderiam ter mais tempo livre ou se dedicar a novos projetos que não conseguiam desenvolver por falta de tempo.

Usando a rede para potencializar o uso de tecnologia

Uma oportunidade interessante de uso da rede distribuída para formar os professores surgiu quando vimos que vários alunos estavam usando o Apple Pencil como material escolar e transformando seus iPads em cadernos. o que foi visto com bons olhos pela maioria dos professores.

No entanto, um pequeno grupo de professores resistia, o que levava alguns alunos a questionar se valia a pena usar essa tecnologia. Era nítido o ganho que os alunos tinham com os recursos tecnológicos, como as cores, os *links* e as imagens capturadas da lousa do professor ou encontradas em buscas na internet, que enriqueciam os apontamentos de aula.

Precisávamos diminuir essa resistência. Sabíamos que, se começassem a usar essa tecnologia, perceberiam os ganhos e a adotariam rapidamente. Mas, se já entregássemos uma caneta para cada um, fatalmente o valor percebido do novo *device* não seria grande.

Decidimos então comprar 30 canetas da Apple e entregá-las a 30 professores que sabíamos que iriam utilizá-las. Não realizamos uma formação de professores clássica, colocando todos em uma sala e mostrando como usar a caneta. Deixamos que, em um primeiro momento, fizessem uso do equipamento e aprendessem sozinhos. O processo de formação deu-se com cada um ensinando ao outro, e a equipe de tecnologia educacional orientando na adoção de práticas recomendadas.

Esse conhecimento começou a se espalhar de forma distribuída, gerando, naqueles professores que ainda não haviam recebido a caneta, o desejo de ter uma. Em menos de dois meses, praticamente todos os professores já nos haviam solicitado o equipamento. O Apple Pencil passou a ser usado por todos os professores e foi fundamental na produção de videoaulas usadas durante a pandemia de Covid-19.

Essa experiência mostra como a formação distribuída é eficaz e pode gerar resultados surpreendentes, permitindo que os professores aprendam uns com os outros e sejam mais eficientes na adoção de novas tecnologias.

Liderar um novo *mindset*

Liderar projetos que operam de forma distribuída é um grande desafio para a liderança. Um novo modelo mental precisa ser considerado. O líder não é mais aquele que diz tudo o que precisa ser feito. Ele precisa empoderar o time para que os membros se sintam mais confiantes, motivados e comprometidos com o projeto em que estão trabalhando. Quando os líderes não delegam ou não dão à sua equipe autonomia na tomada de decisões, isso pode gerar insatisfação e falta de engajamento por parte dos colaboradores.

Ao empoderar a equipe, o líder também transfere responsabilidades e confia nos membros, o que gera um impacto positivo na motivação e no desenvolvimento de habilidades e competências dos profissionais. O empoderamento também permite que a equipe encontre soluções mais criativas e inovadoras para os projetos, melhorando a efetividade e os resultados alcançados. Dessa forma, a liderança empoderadora é fundamental para a construção de uma cultura colaborativa, engajada e voltada para a excelência.

O líder do mundo em rede cria cenários e estimula o surgimento de uma cultura que encoraje os indivíduos a se colocarem por inteiro nos projetos, a ponto de se sentirem protagonistas do todo. Quando isso acontece, as pessoas percebem valor naquilo que fazem e passam a divulgar para as outras os seus aprendizados. É nessa hora que o processo de formação muda e passa a ser de um para um, em rede.

O papel do dono do saber que era atribuído ao líder passa a não existir. Ao mesmo tempo, erra quem imaginar que tudo acontece independente do líder.

É aqui que gostaria de chamar a atenção para um papel fundamental do líder, que é a construção de cenários. Fica cada vez mais evidente que os gestores e líderes têm como principal papel essa construção de cenários para que as pessoas da equipe se sintam os verdadeiros artistas, aumentando o capital criativo da instituição. Quanto mais os cenários criados pelos líderes promoverem a integração e interação entre os *stakeholders*, mais rica será a cultura da instituição. O bom líder tem que atuar como um grande juiz de futebol: quanto menos ele aparecer, melhor.

CAPÍTULO 2

A TEORIA DE REDES E SEU IMPACTO NO MUNDO CONTEMPORÂNEO

"Converter a 'Coragem em face da realidade' (de Nietszche) em 'Coragem em face das oportunidades'".

Satya Nadella

Não dá para fazer uma transformação digital vencedora se não pensarmos em como a vida funciona em rede. Foi fundamental para o processo de transformação digital que acabei de contar a oportunidade de conhecer a Teoria de Redes de Paul Baran.

Foi em um Seminário sobre Cidades Inovadoras, em Curitiba, que entrei em contato com um grupo de pessoas que estava estudando a Teoria de Redes. Passei então a me interessar sobre o assunto e hoje entendo que, sem compreender essa teoria, é muito difícil fazer um projeto de transformação digital de forma consciente. Como falei anteriormente, mais do que mudança de tecnologia, estamos alterando a forma como nos relacionamos. Consequentemente, ao mudar a topologia da forma como nos relacionamos, promovemos também uma transformação cultural. A transformação cultural é ainda maior do que a transformação digital. Te convido então a passarmos juntos, mesmo que de forma superficial, pela Teoria de Redes. Se você quiser se aprofundar depois, deixarei algumas referências de livros e vídeos no final do livro. Vamos lá?

Surgimento da Teoria de Redes

O período pós-Segunda Guerra Mundial construiu as bases de nossa sociedade. Não somente no que diz respeito à cultura do consumo, à globalização e à dicotomia capitalismo X comunismo que até hoje exercem grande influência sobre a forma de pensar das pessoas: os elementos essenciais da sociedade digital nascem como resposta aos desafios da polarização EUA X URSS e à ameaça de destruição nuclear.

Com a evolução da Guerra Fria, especialmente no início dos anos 1960, os americanos passaram a se preocupar com a maneira como suas informações eram armazenadas e transmitidas em suas redes de informação. O objetivo era criar uma arquitetura de rede que fosse menos vulnerável a ataques e tivesse menos probabilidade de romper as linhas de comunicação militares.

Nessa época, o matemático polonês Paul Baran, que trabalhava na companhia de tecnologia RAND, desenvolveu sua Teoria de Redes, que definiu três formas básicas de armazenamento de informações: a centralizada, a descentralizada e a distribuída.

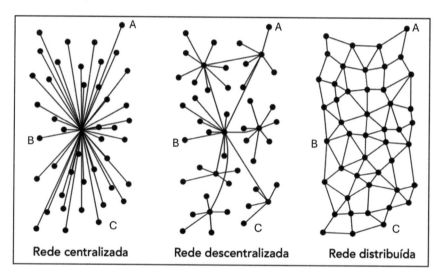

Rede centralizada

Como podemos ver na figura acima, a rede centralizada é aquela que conecta todos os pontos de uma rede em um único ponto central. A vantagem desse tipo de conexão é que qualquer ataque a um ponto que não seja o central tem um impacto muito pequeno sobre o funcionamento de toda a rede. Por outro lado, um ataque ao ponto central compromete a rede inteira.

Rede descentralizada

A segunda abordagem é a descentralizada, em que, além de um núcleo central, existem vários pequenos centros de consolidação da rede, subordinados ao núcleo central. Nesse caso, o risco do ataque ao ponto central é minimizado, mas se um núcleo subordinado for descoberto, toda a informação daquele ponto será comprometida.

Rede distribuída

A terceira estrutura é a distribuída, em que os pontos da rede não estão subordinados uns aos outros e não há um centro: todos os pontos conversam com todos. As informações estão completamente distribuídas e, assim, não há um ponto central que cause o colapso da rede.

Por outro lado, as informações precisam trafegar livremente para que todas as informações possam ser acessadas por todos os integrantes da rede. Baran ressaltou a importância de construir uma arquitetura de informações que agregasse esses dados em "pacotes", que seriam enviados por diferentes caminhos de uma rede até seu ponto de destino e, uma vez lá, seriam reconstituídos. Dessa forma, se um caminho dessa rede fosse destruído em um ataque, seria possível utilizar outra rota para manter a comunicação funcionando.

Nasce a Internet

Em 1969, a Agência de Projetos Avançados de Pesquisa do Departamento de Defesa dos Estados Unidos construiu a Arpanet, uma rede militar que usa os princípios de rede distribuída de Paul Baran para garantir a comunicação entre os órgãos do governo.

Esse foi o embrião do que, décadas mais tarde, se tornou a Internet e que hoje está na base da maior parte das nossas interações sociais.

A Teoria de Redes e as instituições

O impacto da Teoria de Redes, entretanto, vai muito além da construção de uma rede de comunicações em âmbito global. Com o tempo, percebeu-se que as instituições criadas pelos homens podem ser analisadas a partir dessas estruturadas propostas por Paul Baran. Igreja, família, empresas, Estado, ONGs e escolas são estruturas hierárquicas que lembram muito as redes descentralizadas. Ao longo da história, as pessoas tendem a se organizar em hierarquias: o exército romano é um exemplo milenar desse tipo de organização.

Vamos olhar agora para as instituições mencionadas acima e ver como eles operaram até o final do século XX, começando pelas empresas.

Teoria de Redes em outras esferas

Antes de começar gostaria de te convidar a olhar novamente a figura da página 41 e perceber que em cada um dos diagramas os pontos todos estão nos mesmos lugares. Repare agora, na figura a seguir, que o ponto "A" está no mesmo local nos 3 diagramas. O mesmo acontece com o ponto "B", com pontos "C" e com todos os outros. É interessante notar que a forma como conectamos os pontos constrói topologias completamente diferentes. Seguindo esse raciocínio, é intuitivo perceber que a forma como construímos os relacionamentos muda o *design* organizacional.

Fica muito fácil identificar que as nossas empresas ainda operam

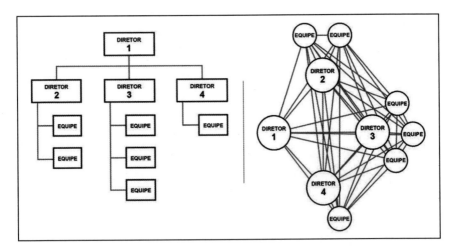

no modelo de rede descentralizada. Nela você vai encontrar o chefão, os CEOS, os chefes, C-Levels, os chefinhos, gerentes e os demais colaboradores. O nível hierárquico fica claro.

Nessas estruturas, via de regra, a burocracia é grande: se uma pessoa de um departamento X e uma pessoa de um departamento Y chegarem à conclusão de que alguma mudança é importante, provavelmente terão que consultar os chefes para que eles autorizem essa mudança. O tráfego de informação é mais lento porque depende da autorização de várias instâncias.

As empresas hierárquicas apresentam falta de flexibilidade e de agilidade para se adaptar às mudanças e inovações do mercado, o que pode levar à perda de competitividade. Os processos e decisões geralmente precisam passar por diversas camadas de aprovação, o que pode levar a um atraso na tomada de decisão e na execução de projetos. Essa falta de agilidade pode ser especialmente problemática em setores em que as mudanças ocorrem rapidamente, como na tecnologia e inovação.

Outra desvantagem é que a hierarquia pode criar uma cultura de microgerenciamento, na qual os líderes controlam de perto cada aspecto do trabalho dos seus subordinados, o que pode afetar a criatividade e iniciativa da equipe e levar a baixa motivação e satisfação dos colaboradores. Há também os problemas de comunicação entre as diferentes camadas de gestão, dificultando o fluxo de informações e a troca de ideias entre os diferentes níveis hierárquicos. Isso pode levar a falhas na comunicação, falta de alinhamento e de colaboração entre as equipes e prejudicar o desempenho geral da empresa.

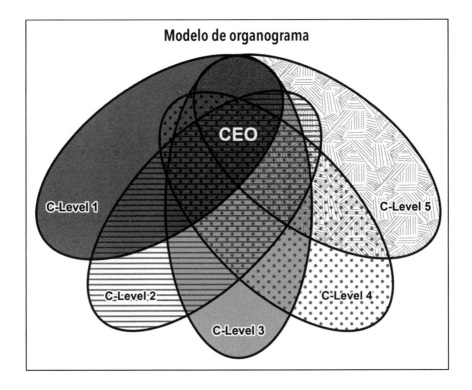

Na natureza

Um jardim é um exemplo fascinante de uma estrutura descentralizada, mas ao mesmo tempo hierárquica. Nele, o ser humano cuidadosamente organiza as plantas de acordo com lógicas espaciais, cores e tamanhos, criando composições que seguem nossos padrões de beleza e funcionalidade. No entanto, é importante lembrar que um jardim depende da constante intervenção humana para se manter com sua bela aparência.

Por outro lado, quando observamos uma mata natural, encontramos um exemplo inspirador de uma estrutura distribuída. Ela é formada por diversas espécies, cada uma com tamanhos e características únicas. A interação entre essas plantas cria um ecossistema harmonioso, onde todos contribuem e participam para a sobrevivência desse ambiente, sem a necessidade de qualquer intervenção humana. Nesse sistema natural, os recursos são compartilhados e reaproveitados, se adaptando às diferentes necessidades em momentos específicos. Uma folha que cai de uma árvore alta, por exemplo, se transforma em adubo, contribuindo para o crescimento das novas plantas.

É interessante notar que, geralmente, quando algo depende da ação humana, é baseado em uma estrutura descentralizada, porém

criada de forma hierárquica. Ao longo do tempo, especialmente após o Iluminismo no século XVII, nossa tendência tem sido de racionalizar e organizar o mundo em hierarquias, classificando objetos e organismos, buscando semelhanças e reduzindo as diferenças.

É importante refletirmos sobre esses exemplos naturais e considerar a adoção de estruturas mais distribuídas em nossa sociedade. Ao equilibrarmos a ordem e a autonomia, podemos buscar sistemas mais sustentáveis e adaptáveis. No entanto, é crucial reconhecer que nem todos os problemas são resolvidos de forma eficiente por meio de estruturas totalmente distribuídas, e cada caso deve ser analisado individualmente, levando em conta suas necessidades específicas.

Uma nova topologia de rede para um novo mundo

No passado, era impossível imaginar viver em uma rede distribuída. A comunicação entre os pontos da rede era limitada e não havia ferramentas eficientes para permitir uma troca livre de informações. Por necessidade e posteriormente para manter o controle, estruturas hierárquicas foram estabelecidas, nas quais as informações seguiam fluxos definidos e eram filtradas e controladas.

As redes sociais permitem a comunicação direta entre pessoas, independentemente da hierarquia, porque são plataformas *online* que possibilitam a interação e o compartilhamento de informações de maneira instantânea e global. Ao contrário das estruturas hierárquicas tradicionais, em que a comunicação ocorre por meio de canais de autoridade e controle, as redes sociais proporcionam um espaço aberto e democrático para as pessoas se conectarem e se comunicarem.

Por exemplo, no WhatsApp, Facebook, Instagram, X (antigo Twitter) e outras redes sociais, os usuários podem enviar mensagens, comentar publicações e compartilhar conteúdo diretamente com outras pessoas, sem a necessidade de intermediação ou aprovação de superiores. Essa comunicação direta tem a vantagem de ser mais ágil, eficiente e transparente, permitindo que as pessoas se expressem livremente e compartilhem informações de forma ampla.

Além disso, as redes sociais também possibilitam a formação de comunidades e grupos de interesse, nos quais os membros podem interagir de forma horizontal, trocando ideias e experiências independentemente de sua posição hierárquica. Isso promove a colaboração, a troca de conhecimentos e a criação de redes de apoio, fortalecendo os laços sociais e profissionais.

Assim, as redes sociais desempenham um papel importante na quebra de barreiras hierárquicas, permitindo que as pessoas se comuniquem de forma direta e igualitária, independentemente de sua posição na estrutura organizacional. Isso contribui para a criação de uma cultura mais participativa, colaborativa e transparente dentro das empresas e da sociedade como um todo.

Embora a estrutura distribuída traga mais agilidade na tomada de decisões e na resolução de problemas, também pode gerar insegurança e conflitos. Algumas empresas ainda restringem o acesso à internet e às mídias sociais, demonstrando uma valorização extrema da hierarquia interna e um controle rígido sobre a interação com o mundo externo.

As empresas são constituídas por pessoas e suas mentalidades influenciam a forma como elas operam. Empresas hierárquicas ainda são lideradas por indivíduos que valorizam a hierarquia, enquanto empresas digitais são mais distribuídas e têm líderes que acreditam na importância das conexões. A atuação de forma descentralizada depende, portanto, do *mindset* das pessoas que compõem a empresa.

Viver experiências de rede distribuída já era possível

Isso não significa que o comportamento distribuído nunca tenha existido ou que seja algo exclusivo da era digital. Podemos observar a interação entre indivíduos em praças públicas nas cidades, onde ela acontece de forma espontânea, sem depender de cargos ou hierarquias.

Há algum tempo, durante a Copa do Mundo, decidi levar meus filhos, com 5 e 4 anos, para trocar figurinhas na praça. Meu objetivo era mais que eles interagissem com as pessoas do que completassem seus álbuns. Foi interessante observar aquele ambiente: enquanto alguns pais, assim como eu, permitiam que seus filhos agissem de forma independente, outros interferiam quando percebiam que seus filhos estavam perdendo oportunidades. Alguns pais agiam sem explicar o motivo da intervenção, mostrando ansiedade em completar o álbum, enquanto outros pegavam os filhos no colo e controlavam todo o processo de troca. Havia também aqueles que faziam isso e ainda reclamavam que os filhos estavam atrapalhando.

Esse momento de troca de figurinhas na praça é um exemplo claro de uma rede distribuída. Não há hierarquia: meu filho de 4 anos e um alto executivo têm valor igual nessa relação. É claro que o diretor, com sua experiência, possuía mais habilidades para otimizar o processo de troca, mas a relação não era hierárquica. Ele não iria interferir, por exemplo, na maneira como meu filho gerenciava suas figurinhas repetidas.

Da mesma forma, a valorização das figurinhas era determinada por uma negociação, na qual o valor percebido na troca era mais importante do que a idade das pessoas envolvidas. Aqueles que precisavam de apenas uma figurinha para completar o álbum não se importavam em trocar 5 por 1. Também presenciei casos em que ajudar o outro a completar o álbum era mais valorizado. Assim, as trocas podiam ocorrer em proporções variadas, como 1 para 1 em alguns casos, e em pouco tempo avançar para 3 para 1 ou 5 para 4.

Assim como em uma rede distribuída, quando estabelecemos um protocolo no qual ambas as partes concordam, não há uma imposição de métodos. Isso significa que as estratégias e abordagens podem ser desenvolvidas de forma colaborativa e flexível. A relação entre as partes também é fluida, permitindo ajustes e revisões conforme necessário.

No caso do álbum de figurinhas, vemos que uma organização distribuída traz uma diversidade maior de perspectivas e ideias. Por outro lado, uma estrutura descentralizada pode ser mais eficiente para processos já estabelecidos, pois permite uma maior especialização e otimização.

Quando uma metodologia clara é identificada, já tendo passado por diversos ciclos de planejamento, ação, verificação e ajuste (usando o método conhecido como PDCA[1] – *Plan, Do, Check, Act*) e se mostrado a melhor solução para aquela situação específica, é importante utilizá-la. No entanto, é preciso ter em mente que métodos comprovados tendem a levar a resultados esperados ao longo de caminhos já definidos. Com as mudanças na sociedade, os antigos mapas ou estratégias podem não ser suficientes para nos guiar em novos caminhos, sendo necessária uma abordagem mais adaptativa e inovadora.

As fragilidades da rede distribuída

Redes distribuídas oferecem diversas vantagens, mas também apresentam fragilidades. Um exemplo evidente foi a propagação de *fake news* durante as eleições presidenciais, tanto no Brasil em 2018 quanto nos Estados Unidos dois anos antes.

As *fake news* desempenharam um papel significativo nas elei-

---

1. O Método PDCA (*Plan*-Planejar, *Do*-Executar, *Check*-Verificar e *Act*- Agir) é muito utilizado em empresas e organizações para estabelecer a padronização dos processos e obter resultados mais efetivos e eficientes. É um método simples, desenvolvido por Walter Shewhart na década de 1920 e estruturado por William Edwards Deming na década de 1950 para melhorar a qualidade dos processos industriais. Esta metodologia consiste em um ciclo contínuo de quatro fases, que tem como objetivo promover a melhoria contínua dos processos e produtos de uma empresa. A primeira fase é a de Planejamento, na qual se estabelecem objetivos e metas, definem-se as estratégias e se identificam os recursos necessários para executar o plano. Em seguida, vem a fase de Execução, que é a implementação prática do que foi planejado. Na fase de Verificação, as atividades realizadas são monitoradas e verificadas de forma sistemática. É feita uma análise dos resultados obtidos em relação aos objetivos e metas estabelecidos, e pode-se identificar possíveis desvios. Por fim, na fase de Ação, são definidas ações corretivas para solucionar problemas e garantir a melhoria contínua do processo.

ções, sendo utilizadas como uma estratégia para influenciar a opinião pública e direcionar o resultado.

No caso do Brasil, durante as eleições presidenciais de 2018, as *fake news* foram amplamente disseminadas nas redes sociais. Diversas informações falsas e distorcidas foram compartilhadas, criando narrativas enganosas para influenciar a percepção dos eleitores. Além disso, muitas delas tinham como objetivo difamar candidatos, espalhando informações caluniosas e prejudicando suas campanhas.

Da mesma forma, nos Estados Unidos, durante as eleições presidenciais de 2016, as *fake news* tiveram um impacto significativo. Estudos mostraram que notícias falsas e desinformação foram amplamente compartilhadas e visualizadas nas redes sociais, alcançando um público amplo. Essas notícias falsas criaram uma atmosfera de confusão e desinformação, influenciando a percepção dos eleitores e potencialmente afetando o resultado das eleições.

Em ambos os casos, foi explorada a facilidade de disseminação de informações nas redes sociais, alcançando um grande número de pessoas em pouco tempo. Aproveitaram-se da falta de mecanismos eficazes de verificação e controle nas redes distribuídas para espalhar informações falsas e distorcidas, comprometendo a integridade do processo eleitoral.

É importante ressaltar que combater as *fake news* é um desafio complexo, que requer esforços conjuntos de governos, empresas de tecnologia, mídia e sociedade civil. A conscientização dos cidadãos sobre a importância de verificar a veracidade das informações antes de compartilhá-las é fundamental para enfrentar esse problema e preservar a integridade dos processos democráticos.

A mesma facilidade de disseminação de informações que permite que uma inovação ou melhoria seja rapidamente divulgada para outras áreas da empresa pode ser explorada para espalhar notícias falsas ou difamatórias, desestabilizando estratégias tradicionais de comunicação.

Um aspecto insidioso desse processo é a dificuldade de detectar a viralização desse tipo de conteúdo, que tende a ser mais aceito por ser compartilhado por pessoas conhecidas daqueles que recebem a informação.

Essa é uma consequência negativa da ausência, em uma rede distribuída, de mecanismos de verificação e controle comuns em redes centralizadas ou descentralizadas. O jornalismo tradicionalmente se apoia em técnicas e mecanismos de verificação para apresentar ao público os fatos, descartando o que é considerado irrelevante ou de menor interesse.

No entanto, mesmo o papel de "guardião da verdade" desempenhado pela mídia tradicional é algo frágil, especialmente diante do fenômeno das *fake news*. Historicamente, a imprensa brasileira, desde os tempos de Assis Chateaubriand até os dias atuais, aplica filtros baseados em seus próprios interesses, muitas vezes defendendo posicionamentos políticos e interesses específicos.

Fato é que, na imprensa, o modelo hierárquico de transmissão de informações, em que um agente tinha o poder de filtrar o que era considerado importante, está sendo desmantelado e suas fragilidades estão sendo expostas. Antigamente, era possível enfatizar apenas as virtudes da imprensa, até mesmo retratando jornalistas como símbolos de integridade.

Novos caminhos

Atualmente, vivemos em um mundo em constante transformação, no qual a ordem tradicional deixou de ser relevante. A dualidade "capitalismo x comunismo" não mais rege o cenário global, deixando espaço para o caos e a incerteza. Diante disso, surge a necessidade natural de buscar o retorno ao paradigma da racionalidade e da ordem, que por séculos guiou o pensamento ocidental.

Um exemplo é o modelo atual de escola, inspirado nas ideias do filósofo alemão Immanuel Kant. Para ele, a disciplina e a moral são fundamentais para a civilização das pessoas, visando capacitar a tomada de decisões conscientes. Seguindo essa linha de pensamento, a educação tem como objetivo não apenas trazer liberdade, mas também civilizar e estruturar a sociedade, visando o bem comum. Portanto, é fundamental repensar os princípios e finalidades da educação, a fim de criar um ambiente que promova o desenvolvimento integral dos indivíduos, equilibrando a busca pela libertação e a necessidade de uma convivência harmoniosa e organizada.

Uma filósofa que contrapôs algumas das ideias de Kant foi Hannah Arendt. Ela criticou a abordagem de Kant em relação à educação, afirmando que a ênfase excessiva na disciplina e na moralidade poderia levar à repressão da individualidade e à supressão da criatividade. Arendt enfatizava a importância da liberdade e do pensamento crítico na educação, argumentando que a capacidade de julgamento autônomo era essencial para a formação de cidadãos responsáveis e engajados. Além disso, Arendt também expressou preocupação com a estruturação da sociedade e a hierarquia de poder, levantando questões sobre a natureza da política e da liberdade pública.

As ideias de Hannah Arendt estão mais alinhadas com o mundo em rede estabelecido no século XXI porque ela enfatizava a importância da liberdade, do pensamento crítico e da participação ativa na esfera pública. No mundo atual, em que a tecnologia e a globalização permitem uma maior interconexão entre pessoas e culturas, a capacidade de pensar de forma autônoma, de questionar e de se engajar em questões políticas e sociais se torna ainda mais relevante. Além disso, a perspectiva de Arendt sobre a estruturação da sociedade e a hierarquia de poder ressoa com os desafios contemporâneos relacionados à democracia, aos direitos humanos e à justiça social. Suas ideias proporcionam um ponto de partida importante para enfrentar as complexidades e as inerentes desigualdades do mundo em rede no século XXI.

Um pensador contemporâneo que compartilha algumas perspectivas semelhantes às de Hannah Arendt é Humberto Maturana, biólogo e filósofo chileno.

Maturana é conhecido por suas contribuições à teoria da *autopoiesis* e à biologia do conhecimento. Ele argumenta que a cognição e a percepção são construídas em relação à interação de um organismo com seu ambiente. Maturana enfatiza a importância da linguagem na formação da realidade e na construção de significados compartilhados.

Na educação tradicional, tendemos a enfatizar o raciocínio lógico e o conhecimento factual em detrimento de outras formas de compreensão e expressão, como a intuição, a emoção e a sensibilidade. Isso pode limitar nossa compreensão do mundo e restringir as maneiras pelas quais podemos nos relacionar com ele.

É importante reconhecer que a intuição, a emoção e a sensibilidade desempenham um papel valioso em nossa percepção e compreensão do mundo.

A intuição nos permite acessar conhecimentos implícitos e tomar decisões baseadas em experiências e percepções sutis. A emoção nos conecta a nós mesmos e aos outros de maneira profunda, influenciando nossas escolhas e formas de nos relacionarmos. A sensibilidade nos permite perceber e apreciar a beleza, os detalhes e as complexidades do mundo ao nosso redor.

Uma abordagem mais abrangente e equilibrada na educação pode incorporar essas diferentes formas de entendimento e estimular o desenvolvimento de todas as nossas habilidades cognitivas e emocionais.

Ao fazer isso, podemos nos tornar seres mais completos, capazes de lidar com a complexidade do mundo em sua totalidade, em vez de apenas uma parte limitada e racionalmente compreensível. Diante da perda da ordem tradicional e da dualidade ideológica, é necessário buscar um novo paradigma de pensamento e ação. Tanto a busca pela racionalidade e ordem quanto a importância do pensamento crítico na educação e na formação de cidadãos engajados são reflexos dessa necessidade de repensar e se adaptar às mudanças do mundo contemporâneo. Ambas as abordagens buscam encontrar caminhos para lidar com a incerteza e o caos, a partir de uma perspectiva reflexiva e de autonomia intelectual.

O crescimento das terapias alternativas, meditação e psicologia reflete a busca por formas de lidar com os desafios do cotidiano, em vez de tentar explicar o mundo em que vivemos de forma abrangente. Essas práticas têm como objetivo fornecer condições para que as pessoas enfrentem suas questões pessoais de maneira mais saudável e equilibrada.

Há uma intuição crescente de que é necessário resgatar sentidos, sentimentos e habilidades que foram deixados de lado. Esse processo de resgate se intensificou à medida que passamos a agir de forma distribuída e somos influenciados pelas ferramentas de comunicação digital, o que resulta na perda do controle sobre o que recebemos e na queda dos filtros tradicionais.

A ausência da regulação de agentes como a imprensa, o Estado, a igreja e a família, que costumavam dizer o que era certo ou errado, traz a necessidade de uma tolerância maior para lidar com o que nos desagrada. Isso implica assumir a responsabilidade individual de formar nossas próprias perspectivas e discernir o que é válido para nós.

Estamos em um momento de transição, no qual as estruturas tradicionais que nos orientavam estão se desintegrando, e isso nos convida a buscar abordagens mais plurais e abertas para compreender e lidar com o mundo.

A distribuição do mundo, caracterizada pela conectividade global e pela influência das ferramentas de comunicação digital, resultou em um cenário de profunda desordem. Essa desordem refere-se à falta de controle e à avalanche de informações que acessamos diariamente, levando-nos a repensar nossa forma de compreender e lidar com esse contexto.

É necessário um reposicionamento para enfrentar essa realidade caótica. Isso implica buscar uma compreensão mais profunda das novas dinâmicas que emergem, a fim de se adaptar a elas e encontrar formas mais eficazes de agir e interagir.

Esse reposicionamento pode envolver o desenvolvimento de habilidades como adaptabilidade, flexibilidade e pensamento crítico para lidar com a complexidade e ambiguidade que o mundo distribuído traz consigo.

Também pode envolver a busca por estratégias pessoais e coletivas que permitam encontrar um equilíbrio em relação à sobrecarga de informações.

O mundo distribuído descortinou um cenário de profunda desordem. É hora de compreendermos esse cenário e nos reposicionarmos para lidar com ele.

CAPÍTULO 3

O AVANÇO TECNOLÓGICO NOS POSSIBILITANDO A VIDA EM REDE

"Devo primeiramente fazer alguns experimentos antes de prosseguir, pois é minha intenção melhorar a experiência primeiro, e então demonstrar pelo raciocínio porque tal experiência é obrigada a operar de tal maneira. E essa é a regra verdadeira que aqueles que especulam sobre os efeitos da natureza devem seguir."

Leonardo Da Vinci

Como vimos no capítulo anterior, ao compreender a Teoria de Redes, podemos perceber a importância de pensar em termos de conexões e interconexões, em como os elementos da rede se influenciam e se relacionam entre si. Isso é essencial para uma transformação digital bem-sucedida, pois envolve não apenas a adoção de novas tecnologias, mas também a mudança na forma como nos relacionamos e interagimos.

Portanto, é preciso entender e aplicar os princípios da Teoria de Redes para o sucesso da transformação digital, uma vez que é isso que nos permitirá criar uma arquitetura de rede eficiente, resiliente e capaz de promover uma verdadeira transformação cultural.

Somos construtores de hierarquia

Ao colocar um grupo de pessoas juntas, é comum que hierarquias se desenvolvam em pouco tempo.

Primeiramente, as hierarquias podem surgir do desejo de organização e divisão de tarefas dentro do grupo. Para que as atividades sejam realizadas de maneira eficiente, existe uma crença de que é preciso estabelecer papéis e responsabilidades. Neste caso, algumas pessoas se destacam naturalmente como líderes, guiando e coordenando o trabalho dos demais membros do grupo.

Além disso, o desejo humano de poder e influência também contribui para a criação de hierarquias. Algumas pessoas possuem habilidades, conhecimentos ou recursos que as tornam mais aptas a assumir posições de liderança. Essa busca por liderança pode prejudicar a criação coletiva, uma vez que pode haver concentração de poder e de tomada de decisões nas mãos de poucos indivíduos.

Com a presença de hierarquias, as liberdades individuais podem ser comprometidas. Aqueles que estão em posições de maior poder podem impor suas opiniões e decisões sobre os demais membros do grupo, limitando a sua participação e autonomia. Isso pode diminuir a diversidade de ideias e perspectivas, prejudicando a criatividade e a colaboração coletiva.

É importante ressaltar que nem todas as hierarquias são negativas. Em certos casos, uma estrutura hierárquica pode ser necessária para garantir a produtividade e a organização de um grupo. No entanto, é fundamental que as hierarquias sejam equilibradas, justas e promovam a participação de todos os membros.

A classificação, seguida pela hierarquização, é o caminho natural das instituições criadas pelos humanos, como família, igreja, escola, Estado, empresas e ONGs.

A hierarquia e o ego

A estrutura hierárquica é um sistema de organização social que tem sido predominante ao longo da história humana. Ela se baseia na ideia de que existem diferentes níveis de autoridade e poder, com indivíduos ou grupos ocupando posições superiores ou inferiores dentro dessa estrutura.

A estrutura hierárquica tem sido reforçada pela estrutura egoica do ser humano, uma vez que o ego busca a autoridade e o poder sobre os outros, e a hierarquia oferece uma maneira clara de alcançar e manter essa autoridade. A hierarquia também oferece prestígio e privilégios para aqueles que estão em posições superiores, reforçando assim a estrutura egoica.

No entanto, estamos vivendo um momento de mudança na forma como nos organizamos socialmente. Com o avanço da tecnologia e da globalização, temos visto uma tendência em direção a estruturas mais distribuídas e colaborativas. Essas estruturas distribuídas permitem que a autoridade seja compartilhada e assumida de forma coletiva, em vez de concentrada em um único indivíduo ou grupo.

Essa transição para uma estrutura mais distribuída cria desafios para a hierarquia como a conhecemos. À medida que as pessoas perdem o poder, o prestígio e os privilégios, podem enfrentar resistência e dificuldade em se adaptar a essa nova realidade.

Resolver essa complexidade não será fácil e levará tempo. Será necessário um processo de adaptação individual e coletivo para aceitar e abraçar a nova realidade das estruturas mais distribuídas. Isso requer uma mudança na mentalidade e na cultura, bem como o desenvolvimento de habilidades e práticas que promovam a colaboração e o trabalho em equipe.

No entanto, é importante ressaltar que essa transição para uma estrutura mais distribuída também tem o potencial de trazer benefícios significativos. Ela pode promover a inclusão, a diversidade de pensamento e a participação igualitária, resultando em soluções mais criativas e eficazes. Além disso, permite que as pessoas se sintam mais engajadas e capacitadas em suas atividades, incentivando a motivação intrínseca e o desenvolvimento pessoal.

A estrutura hierárquica ao mesmo tempo reforça e é reforçada pela estrutura egoica do ser humano. A transição para estruturas mais distribuídas é um desafio complexo, mas necessário para enfrentar os problemas e demandas do mundo atual. É fundamental reconhecer e enfrentar essa complexidade para alcançar um futuro mais equitativo e colaborativo.

Computadores pessoais

Os computadores pessoais propostos por Bill Gates e Steve Jobs tiveram um impacto significativo na vida das pessoas. Esses dois visionários ajudaram a popularizar o uso desses equipamentos e tornaram a tecnologia mais acessível para o público em geral.

Graças a eles, os computadores pessoais se tornaram uma ferramenta essencial em muitos aspectos da vida cotidiana. Eles revolucionaram a forma como as pessoas trabalham, se comunicam, se divertem e aprendem.

Em termos de trabalho, permitiram maior produtividade, automação de tarefas e novas oportunidades de emprego. Através de *softwares* e aplicativos, as pessoas podem realizar várias tarefas, como processamento de texto, criação de planilhas, apresentações, edição de fotos e vídeos, entre outros.

Na comunicação, facilitaram o acesso à internet, possibilitando o envio de e-mails, mensagens instantâneas, videochamadas e acesso a redes sociais. Isso mudou a forma como as pessoas se comunicam e se conectam com o mundo.

No aspecto do entretenimento, abriram caminho para jogos, música, filmes e séries. As pessoas podem acessar uma ampla variedade de entretenimento digital diretamente de seus computadores pessoais.

Além disso, tornaram-se ferramentas importantes para educação e aprendizado. Com acesso à internet, as pessoas podem estudar *online*, pesquisar informações, acessar *e-books* e recursos educacionais.

Talvez, naquela época, os visionários não imaginassem que as máquinas não seriam para os lugares, e sim para as pessoas.

Foi na primeira década do século XXI que as máquinas começaram a chegar às mãos das pessoas, desencadeando uma transformação profunda na sociedade. A expansão das conexões 3G, 4G e banda larga permitiu a conexão em altas velocidades, intensificando nossa conectividade.

Além disso, o surgimento dos *smartphones* elevou o patamar das máquinas, que passaram a conectar não apenas dados, mas também as pessoas. Esses dispositivos passaram a ser uma extensão de nós mesmos, proporcionando uma conexão contínua com o mundo digital.

Computadores individuais

Essa foi uma mudança radical. Até então, os computadores eram usados para realizar tarefas. Com a chegada dos *smartphones*, passaram a fazer parte do dia a dia, registrando atividades, eternizando momentos e dando muito mais velocidade à comunicação entre as pessoas.

Se antigamente era preciso ir até onde a máquina estava, hoje ela está nos bolsos ou nas mãos das pessoas. A mobilidade trouxe liberdade de conexão e de comunicação.

Essa mudança de paradigma fez com que os adolescentes não usem os *smartphones* como telefones, e sim como aparelhos que centralizam suas relações e viabilizam suas vidas. A transformação é radical: uma pesquisa publicada em 2017 mostra que mais de 95% dos brasileiros não usam os celulares para fazer ligações[2]. Quase 90% dos entrevistados usam o WhatsApp e dois terços usam o Facebook, impulsionados pela não cobrança do uso de dados na navegação nesses *sites*. As conexões não acontecem mais da mesma forma, o que começa a se refletir em todas as esferas da sociedade. As eleições de 2018 refletiram muito bem esse fenômeno, como comentado no capítulo 2.

A liberdade de comunicação cria novas formas de interação com as aplicações e, ao fazer as conexões entre as máquinas, começamos a criar um lugar em que nossas relações continuam existindo sem que necessariamente estejamos conectados.

No passado, para conversar com alguém era preciso estar no mesmo lugar que ele ou, no caso dos telefones, conectado a ele no mesmo momento. Com as mídias sociais, a comunicação torna-se assíncrona: qualquer pessoa pode ser contatada mesmo sem estar conectada. Essa é uma mudança importante na dinâmica das relações pessoais, pois você influencia e é influenciado mesmo quando não está conectado.

Relações assíncronas

A esfera onde ocorrem essas relações assíncronas é o cyberespaço. Lá, as conexões ocorrem independente do que aconteça com as pessoas "no mundo real". Não à toa, já existem empresas especializadas em cuidar do perfil de pessoas que já faleceram e até mesmo de interagir como elas. Um caso interessante é o do *rapper* Sabotage.

A história da letra de música do *rapper* Sabotage escrita com a ajuda de Inteligência Artificial é intrigante e inovadora. Sabotage, um re-

---

2. Cf. https://www.tecmundo.com.br/celular/115910-pesquisa-diz-95-6-brasileiros-nao-usam-celular-fazer-ligacoes.htm. Acesso em: 04 mar.2024.

nomado *rapper* brasileiro, faleceu em 2003, mas sua música continua a ser apreciada e reverenciada.

O Spotify liderou o projeto para criar uma nova música em homenagem a Sabotage utilizando técnicas de Inteligência Artificial. Foi alimentado um algoritmo com as letras e o estilo musical do *rapper* para que ele pudesse "aprender" e imitar o seu estilo característico.

Essa IA foi capaz de analisar e processar várias músicas, sílabas, rimas e estruturas de verso para gerar linhas de letra que se assemelhassem ao estilo do *rapper*. Após esse processo, a equipe de produção selecionou e organizou as melhores partes geradas pelo algoritmo para criar uma nova música.

O objetivo dessa experiência foi honrar a memória de Sabotage e manter viva sua arte, trazendo um novo material que se assemelhasse ao seu estilo único. A letra foi criada com base nas contribuições da Inteligência Artificial, mas também contou com ajustes e finalização dos profissionais envolvidos no projeto.

Essa iniciativa pioneira mostra como a tecnologia pode ser utilizada de forma criativa e inovadora para preservar e celebrar a obra de artistas, mesmo após sua morte.

A capacidade de programar máquinas para emular o pensamento humano cria um mundo diferente. Ainda é cedo para saber se esse novo mundo será bom ou ruim, pois tudo depende de como usarmos essa capacidade tecnológica, mas certamente nossa definição do que é humano muda a partir das interações com as máquinas.

É fundamental chamar a atenção para um aspecto importante: quando estamos interagindo nas mídias sociais, precisamos estar conectados com nossa essência humana. Caso contrário, corremos o risco de gerar mais sombras do que luz. Se não nos concentrarmos em nossas melhores qualidades, existe a possibilidade de contribuirmos para um mundo cada vez mais caótico.

Um exemplo alarmante é o caso de um sistema de Inteligência Artificial que foi alimentado com dados do X (antigo Twitter) para aprender o comportamento humano, e acabou reproduzindo discursos de ódio. Isso evidencia um lado sombrio da natureza humana, que não é agradável de testemunhar.

Devemos estar conscientes do poder e da influência que temos nas plataformas digitais. É necessário cultivar um ambiente *online* positivo, onde sejamos capazes de promover a empatia, o respeito e a construção de relações saudáveis. Ao praticar a autenticidade, a gentileza e o respeito mútuo, podemos contribuir para um cenário virtual mais harmonioso e benéfico para todos.

Portanto, é preciso estar atento ao impacto de nossas ações nas mídias sociais, pois elas podem ter consequências significativas em nossa sociedade. Ao sermos conscientes e responsáveis em nossas interações *online*, podemos ajudar a criar um ambiente mais positivo e evitar a propagação de negatividade e discurso de ódio.

O "lado da sombra" da cultura digital

Muito mais do que simplesmente conectar as pessoas, a mudança de topologia social de redes descentralizadas para distribuídas altera a forma como nos relacionamos. Quando isso ocorre, todos nós precisamos rever a forma como nos posicionamos e nos entendemos dentro desse processo de comunicação que agora é global.

Embora a cultura digital tenha trazido muitos avanços e benefícios, também enfrentamos desafios significativos relacionados a vício em tecnologia, desinformação, falta de privacidade e exclusão digital. É crucial que exploremos soluções e encontremos um equilíbrio saudável no uso das tecnologias digitais para minimizar esses efeitos negativos e maximizar os aspectos positivos da cultura digital.

O "lado da sombra" da cultura digital refere-se às consequências negativas e problemáticas que surgem com a crescente dependência e o uso das tecnologias digitais. Embora a cultura digital ofereça muitos benefícios, também há aspectos preocupantes que merecem reflexão.

Um dos principais aspectos da sombra digital é o vício em tecnologia e mídias sociais. O fácil acesso aos dispositivos digitais e a constante estimulação oferecida pelos aplicativos e plataformas *online* podem levar a um uso excessivo e prejudicial. O vício em tecnologia pode resultar em problemas de saúde mental, como ansiedade, depressão, isolamento social e diminuição da qualidade do sono.

Além disso, a cultura digital também tem sido associada ao aumento da desinformação e *fake news*. Com a velocidade e facilidade de disseminação de informações nas redes sociais, é comum encontrar notícias falsas, teorias da conspiração e desinformação. Isso pode ter consequências sérias, como polarização social, manipulação e até mesmo influenciar resultados eleitorais.

Outra questão relevante é a invasão da privacidade e a falta de segurança digital. Com o compartilhamento constante de informações pessoais e o rastreamento *online*, os usuários estão expostos a violações de privacidade e riscos de ciberataques. Dados pessoais podem ser coletados e usados indevidamente, levando a problemas de segurança, roubo de identidade e até mesmo chantagem.

Além disso, a cultura digital também pode contribuir para o aumento da exclusão digital e das desigualdades sociais. Nem todas as pessoas têm acesso igualitário aos recursos tecnológicos e à conectividade, o que leva a uma divisão entre aqueles que têm acesso privilegiado e aqueles que têm menos oportunidades. Isso pode agravar as desigualdades existentes na sociedade.

Biologicamente, somos seres que tendem a conservar energia e, como consequência, temos dificuldade de mudar. Nosso ambiente, porém, está mudando rapidamente: as conexões estão mais rápidas, o volume de informação é cada vez maior, tudo é mais volátil, e tentamos constantemente encontrar um porto seguro para nos abrigarmos de todos esses estímulos.

Viveremos uma nova etapa darwinista de adaptação a esse novo ambiente, em que os filtros sociais são cada vez menores, e precisamos assumir a responsabilidade de interpretar o que acontece no mundo. Somos mais impactados pelo que não é agradável. Somos surpreendidos constantemente pela realidade que nos atinge sem aviso prévio. Às vezes, somos agredidos via mídias sociais por pessoas que não conhecemos. Se não soubermos relativizar essas coisas e seguir em frente, podemos ter sérios problemas de saúde. Ansiedade e depressão causadas pela vida em rede são um impacto negativo com o qual precisamos aprender a lidar.

Uma forma de se manter firme nesse embate é ter consciência de seus valores e firmeza de princípios. Sem isso, a chance de ser massacrado pelo que acontece *online* é bastante considerável. Como tudo na rede é abundante e nossa tendência é olhar mais para as críticas do que para os elogios, podemos nos sobrecarregar com as críticas, e nem todo mundo suporta essa situação. Por isso, o autoconhecimento passa a ser cada vez mais importante.

Muita gente já percebeu isso e está buscando válvulas de escape na meditação e nos esportes, buscando equilibrar uma vida que hoje é muito mais provocativa. Dificilmente passamos um dia sem sermos atingidos por algum tipo de provocação, o que certamente não acontecia há 15 ou 20 anos.

Dependendo do ambiente em que você vivia, conseguia se isolar de influências externas. Hoje, no mundo moderno, isso é impossível. Mais ainda: saber conviver com essa exposição é fundamental para viver em um ambiente em rede.

O mundo em rede e a vulnerabilidade

O mundo em rede é um mundo de vulnerabilidade e falta de controle, exatamente o oposto do que a modernidade prometia com suas instituições tradicionais. Não só não controlamos mais o ambiente em que vivemos, como também não conseguimos nem mesmo controlar a imagem que transmitimos para os outros. O nível de transparência trazido pela vida em rede faz com que as contradições sejam percebidas facilmente.

Se no passado era possível apresentar apenas uma face de sua personalidade para o público, hoje isso é impossível. A consequência é que ninguém consegue se mostrar mais como perfeito. As declarações das pessoas caem na rede e não há como lidar com as inevitáveis contradições. As mentiras aparecem rapidamente. Viver a vulnerabilidade da transparência nas redes é mais um desafio com o qual temos que aprender a conviver.

Nas redes, estamos vulneráveis o tempo todo. Por isso, precisamos ser resilientes às críticas que inevitavelmente iremos sofrer. Se não tivermos essa capacidade, podemos adoecer.

A frase "o rei está nu" pode ser usada como uma metáfora para exemplificar nossa vida nas redes sociais porque representa a ideia de que muitas vezes estamos expostos e vulneráveis, mesmo que expressemos uma imagem aparentemente perfeita ou idealizada *online*.

Assim como na história em que o rei imaginário é convencido de que está usando roupas luxuosas quando, na realidade, está nu, podemos nos iludir e criar uma *persona* nas redes sociais que não reflete a nossa realidade plenamente.

Nas redes sociais, é comum compartilhar apenas os melhores momentos, as conquistas, os momentos felizes e as imagens editadas, criando uma imagem idealizada de nós mesmos. No entanto, por trás dessa fachada, muitas vezes temos problemas, inseguranças, medos e desafios que não são compartilhados.

A expressão "o rei está nu" nos lembra que, mesmo com uma apresentação perfeita nas redes sociais, somos seres humanos com imperfeições e vulnerabilidades. Essa metáfora sugere que devemos estar cientes de que nem tudo é o que parece nas redes sociais e não devemos nos deixar iludir pelas aparências.

Além disso, a frase também destaca a importância da autenticidade e da transparência. Ao reconhecer e compartilhar nossas vulnerabilidades e dificuldades, podemos criar conexões mais profundas e genuínas com outras pessoas nas redes sociais, fugindo da superficialidade e valorizando as relações verdadeiras.

A queda das estruturas tradicionais

Escola, Estado, família, igreja, empresa e ONG: essas são as principais estruturas nas quais as pessoas tradicionalmente se organizam. Hoje, todas elas estão sendo questionadas, em uma demonstração clara do esfacelamento das estruturas hierárquicas diante do avanço dos novos modelos de organização distribuída.

Na era da descentralização, essas instituições tradicionais, que desempenhavam papéis específicos, enfrentam dificuldades em cumprir suas funções de maneira eficiente. A família deixou de ter seu antigo papel de criação, a escola não consegue mais educar para os tempos atuais, a igreja não exerce a mesma influência moralizadora e o Estado enfrenta desafios na fiscalização. Isso resulta em um sentimento de caos, levando-nos a questionar como podemos viver nesse novo mundo.

Percebemos que os paradigmas atuais tornam impossível a resolução desses problemas dentro do sistema vigente. É necessário romper com as estruturas existentes e avançar em direção a uma nova forma de vida distribuída em rede.

Em todo o mundo, as pessoas estão passando por uma intensa transformação cultural, embora em ritmos diferentes. Se as instituições não se adaptarem a essa mudança, elas se tornarão obsoletas. Esse é o grande desafio que enfrentamos atualmente.

No entanto, essa transição não ocorre sem dificuldades. Os movimentos conservadores que surgem em diferentes países, com o crescimento da extrema direita, são uma reação a essas mudanças e uma tentativa de retornar a uma ordem hierarquizada e industrial. O discurso de "trazer de volta os bons tempos de 30 anos atrás" pode oferecer uma sensação de segurança para muitas pessoas, mas está longe da realidade.

Podemos considerar esse discurso como uma fantasia, representando a resistência final daqueles que se recusam a aceitar as mudanças. Em qualquer processo de inovação, observamos uma curva em sino na adoção das transformações: um pequeno grupo de *early adopters* (entre 15% e 20% do total) abraça a inovação, enquanto a maioria espera pela maturação e outro grupo (também entre 15% e 20%) se mostra avesso às mudanças.

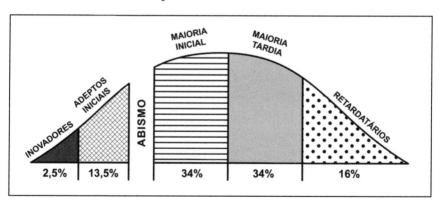

Na curva da adoção de inovações, há um momento crucial em que é necessário "soltar o trapézio" e trazer o grupo maior, o *mainstream*, para abraçar a inovação. Enquanto isso, os 20% de resistentes costumam reagir com furor, com os inovadores trabalhando em silêncio e os refratários gritando de dor. É nesse ponto que é possível determinar se a inovação realmente irá acontecer. Se os resistentes conseguirem atrair boa parte do *mainstream* para o seu lado com base em suas objeções, as mudanças não ganham impulso.

Esse processo deve ser compreendido por aqueles que promovem a inovação no mundo. É essencial ter empatia com aqueles que sentem essa dor e até mesmo utilizar as resistências de forma construtiva.

Dedique 80% do seu tempo aos inovadores, mas reserve 10% para ouvir as objeções. Ao ouvi-las, você terá novas informações que podem contribuir para aprimorar a inovação e torná-la mais aceitável para os resistentes. Essa abordagem eficiente promove melhorias contínuas nos processos de inovação e acelera o ritmo das transformações.

Além disso, é importante destacar que o diálogo aberto e a disposição para ouvir as objeções dos resistentes podem gerar benefícios significativos para o processo de inovação. Ao incorporar as preocupações e os pontos de vista dos resistentes, os inovadores têm a oportunidade de identificar possíveis falhas e aprimorar suas soluções, tornando-as mais adaptadas às necessidades e expectativas desse grupo.

Essa abordagem colaborativa também contribui para criar um senso de pertencimento e inclusão, o que facilita a aceitação e a adoção da inovação em uma escala maior. Dessa forma, podemos impulsionar o ritmo das transformações e promover mudanças positivas em direção a um futuro melhor.

A transição da escola para um novo modelo

O setor de educação está passando por uma transformação significativa, que envolve a mudança do modelo tradicional para um modelo mais centrado no aluno. Essa mudança exige uma reavaliação das estruturas e avaliações escolares, bem como uma nova abordagem de ensino, baseada em perguntas e conexões. A escola do futuro será um espaço de aprendizagem no qual os alunos serão incentivados a fazer perguntas, buscar respostas e se conectar com outros de maneira colaborativa.

A transformação do setor de educação é uma das mudanças mais dramáticas esperadas para o futuro. O modelo tradicional, com um sistema hierárquico em que o professor detém o conhecimento e o transmite aos alunos, está sendo questionado há algum tempo. A proposta é que a sala de aula seja estruturada de forma que o aluno seja o protagonista de sua própria aprendizagem, enquanto o professor atua como um facilitador, ajudando a fazer conexões entre o estudante e o conhecimento.

Essa mudança de foco transforma completamente o modelo de negócios escolar. Atualmente, as escolas são estruturadas em torno de salas de aula com um professor para um determinado número de alunos. No entanto, em um modelo distribuído, no qual os alunos procuram o conhecimento em diferentes fontes, a avaliação precisa ser repensada. O conteúdo em si deixará de ser o ponto central da avaliação, uma vez que os alunos terão acesso a diversas fontes de informação. A capacidade de resolução de problemas também se torna menos relevante, já que a inteligência artificial pode desempenhar esse papel com eficiência.

O verdadeiro desafio para a escola do futuro é criar um ambiente de aprendizagem no qual os alunos aprendam a fazer as perguntas certas e buscar respostas para essas perguntas. No modelo atual, os alunos são avaliados pela capacidade de responder a perguntas feitas pelos professores.

No entanto, em um mundo distribuído, o mais importante é ter senso crítico aguçado e saber como fazer as perguntas certas e como se conectar para encontrar as respostas.

Esse modelo de aprendizagem baseado em perguntas e conexões é similar ao mundo das *startups*. As empresas bem-sucedidas geralmente surgem a partir de uma pergunta que precisa ser respondida. A partir dessa pergunta, os empreendedores se conectam com as pessoas certas e desenvolvem soluções inovadoras. Nesse contexto, a conexão entre pessoas se torna tão ou mais importante do que ter a resposta pronta. Aqueles que compartilham conhecimento e se conectam com outros de maneira colaborativa são mais úteis do que aqueles que guardam suas informações isoladamente.

Nesse movimento de transformação das escolas, algumas instituições já estão adotando uma abordagem baseada em projetos. Os professores perceberam que simplesmente transmitir conteúdo para os alunos, sem permitir diálogo e participação ativa, não é um método eficaz de ensino. Em uma abordagem baseada em diálogo, os alunos e os professores têm um relacionamento de respeito mútuo, no qual não há uma hierarquia rígida de poder. Essa abordagem valoriza a participação dos alunos e reconhece que eles não devem obedecer cegamente aos professores, mas sim buscar um diálogo baseado em cooperação e colaboração.

Igreja

A religião, como regra e dogma, vem sendo questionada demais, uma vez que as igrejas, não importa de que matiz sejam, são estruturas fortemente hierárquicas, cujo poder emana, em última instância, de um ser supremo (Deus) e dele para os membros, por meio dos oficiais (os sacerdotes). Para quem está vivendo em um mundo distribuído, interconectado, é difícil conciliar a visão de uma realidade absoluta com as múltiplas "verdades" com as quais tomamos contato diariamente. Inevitavelmente, em algum momento o discurso se torna inconsistente e ocorre uma ruptura.

Em uma estrutura hierárquica, é possível lançar fora as peças que estão "fora do padrão". É o que aconteceu no passado com o preconceito com os hereges ou com os homossexuais, por exemplo. Quando se vive em um mundo de alta diversidade e alta conexão, esses públicos estão inseridos, têm voz e personalidade. Passa a ser muito difícil sustentar um discurso de paz e igualdade em uma estrutura que não insere todo mundo, e surgem as contradições. É interessante notar que, na Igreja Católica, a chegada do Papa Francisco marca uma mudança de postura, com uma disposição maior ao diálogo, uma conversa mais ampla que busca a inclusão e um rejuvenescimento a partir de um líder que tem uma visão mais próxima de uma rede distribuída – ainda que em um ambiente hierarquizado.

O exemplo do estilo de gestão do Papa Francisco em comparação com o Papa Bento XVI pode nos ajudar a entender as diferenças entre estruturas menos e mais hierárquicas.

O Papa Bento XVI, que serviu como papa de 2005 a 2013, era conhecido por seu estilo de gestão mais tradicional e centralizado. Ele adotava uma abordagem hierárquica, em que as decisões eram tomadas de cima para baixo e a autoridade era concentrada na figura papal. Sua liderança era caracterizada por uma ênfase nas normas e tradições da Igreja Católica.

Já o Papa Francisco, eleito em 2013, introduziu uma abordagem de gestão mais distribuída e colaborativa. Ele se esforçou para promover uma cultura de diálogo, inclusão e participação. O Papa Francisco busca ouvir as opiniões e perspectivas dos outros, incentivando a tomada de decisões compartilhada e valorizando a autonomia das diferentes estruturas da Igreja.

Essa diferença de abordagem reflete uma estrutura menos hierárquica sob o Papa Francisco. Ele enfatiza a importância de estar aberto ao *feedback*, aprender com as experiências das pessoas em várias partes do mundo e se adaptar às necessidades da sociedade contemporânea. Sua liderança busca envolver e empoderar os membros da Igreja, incentivando uma maior participação e diversidade de vozes.

Esses exemplos ilustram que uma estrutura menos hierárquica permite maior flexibilidade, colaboração e inovação. Ao distribuir o poder e incentivar a participação ativa, é possível promover uma maior eficiência e resiliência nas organizações. Além disso, uma abordagem

menos hierárquica também pode aumentar a motivação e o senso de pertencimento dos membros, gerando um ambiente mais inclusivo e acolhedor.

Empresas

Nas empresas, esse processo é ainda mais claro: elas estão se redesenhando para se tornarem distribuídas.

Empresas com estruturas menos hierárquicas operam de forma mais colaborativa e descentralizada, com ênfase na participação dos funcionários e no compartilhamento de responsabilidades. Nesses tipos de organizações, a tomada de decisões costuma ser mais distribuída e há uma valorização maior das iniciativas individuais e da autonomia dos colaboradores.

Aqui estão algumas características comuns de empresas com estruturas menos hierárquicas:

1. Liderança participativa: os líderes ou gestores atuam mais como facilitadores do que como autoridades centrais. Eles incentivam a participação dos funcionários, ouvem suas ideias e perspectivas, e tomam decisões em conjunto.

2. Comunicação aberta: há um fluxo constante de comunicação em todos os níveis da organização. As informações são compartilhadas de forma transparente e acessível, estimulando a troca de conhecimento e o trabalho em equipe.

3. Empoderamento e autonomia dos funcionários: os colaboradores são encorajados a tomar iniciativa e se responsabilizar por suas tarefas. Eles têm liberdade para tomar decisões relaciona-

das ao seu trabalho e são reconhecidos como parte essencial do processo de tomada de decisão da empresa.

4. Estrutura organizacional plana: a hierarquia é reduzida e as estruturas de poder são minimizadas ou eliminadas, permitindo uma maior agilidade e facilitando a comunicação direta entre os diferentes níveis da organização.

5. Foco na colaboração e trabalho em equipe: a colaboração é valorizada, e as equipes são encorajadas a trabalhar de maneira integrada, compartilhando conhecimento e contribuindo para o alcance dos objetivos comuns.

6. Inovação e aprendizado contínuo: a inovação e a criatividade são estimuladas, encorajando o aprendizado e o desenvolvimento contínuo dos funcionários. Elas valorizam a busca por novas soluções e ideias, incentivam a experimentação e estão abertas a aprender com os erros.

7. Cultura de confiança e respeito: existe um ambiente de confiança mútua entre os colaboradores, no qual as opiniões e contribuições de todos são valorizadas. Há respeito pela diversidade de ideias e perspectivas, e a empresa promove a inclusão e a igualdade de oportunidades.

8. Flexibilidade e adaptabilidade: são mais flexíveis e estão abertas a adaptações e mudanças. São capazes de se ajustar rapidamente às necessidades do mercado e às demandas dos clientes.

9. Valorização do *feedback*: os funcionários são encorajados a dar *feedback* construtivo, tanto para melhorar seu próprio desempenho, quanto para contribuir para o aprimoramento da organização como um todo.

10. Reconhecimento e recompensas: o desempenho e as contribuições dos colaboradores são reconhecidos e recompensados. Essas empresas valorizam e celebram o esforço e o sucesso de todos, promovendo um ambiente de motivação e engajamento.

Dois bons exemplos de empresas que diminuíram consideravelmente os níveis hierárquicos são a Zappos e a Semco Partners.

Tony Hshieh, ex-CEO da Zappos, nos conta em seu livro *Delivering Happiness: A Path to Profits, Passion, and Purpose* que a empresa de comércio eletrônico de calçados e roupas com sede nos Estados Unidos foi fundada em 1999 com Nick Swinmurn e se destacou por sua cultura organizacional única e estrutura menos hierárquica.

O que torna a Zappos interessante é sua abordagem focada no bem-estar dos funcionários e na satisfação do cliente. A empresa acredita que, se os funcionários estiverem felizes, tratarão os clientes de forma excepcional, o que se traduzirá num maior sucesso nos negócios.

Um aspecto fundamental da cultura da Zappos é a ênfase na autonomia dos funcionários. Eles têm um alto grau de liberdade e responsabilidade para tomar decisões e resolver problemas no atendimento ao cliente. Não há *scripts* ou regras rígidas a serem seguidas; em vez disso, são encorajados a usar seu próprio discernimento para fornecer uma atenção personalizada e satisfatória aos clientes.

Para promover essa autonomia, a Zappos se concentra em oferecer suporte e desenvolvimento contínuo aos funcionários. Investe fortemente em treinamento e está sempre buscando maneiras de desenvolver as habilidades e o conhecimento de sua equipe. Também incentiva a colaboração e o compartilhamento de conhecimento entre os funcionários.

A cultura da Zappos é conhecida, ainda, por sua abertura e transparência. A empresa realiza reuniões regulares chamadas *All Hands* (mãos dadas, em tradução livre), em que qualquer funcionário pode fazer perguntas e receber atualizações sobre o negócio. Além disso, a empresa tem uma política de portas abertas, com a qual os funcionários podem conversar com qualquer membro da liderança, incluindo o CEO, sem barreiras hierárquicas.

Essa cultura centrada nas pessoas e no alto nível de atendimento ao cliente rendeu à Zappos uma reputação positiva e uma lealdade significativa dos clientes. A empresa também foi reconhecida e premiada por sua cultura única e inovadora, e tem sido referência para organizações que buscam adotar estruturas menos hierárquicas e promover um ambiente de trabalho mais colaborativo e participativo.

Já o caso da Semco Partners, mesmo que antigo, é frequentemente citado como um exemplo de gestão de empresa com poucos níveis hierárquicos devido à sua abordagem democrática e participativa na tomada de decisão. A empresa foi transformada por Ricardo Semler e se tornou famosa, através do livro *Virando a própria Mesa*, escrito por Semler, por desafiar as estruturas hierárquicas tradicionais.

Uma das principais características da gestão da Semco é a descentralização do poder de tomada de decisões. A empresa adota uma abordagem horizontal, na qual os funcionários têm voz ativa nas decisões que afetam seu trabalho e seu ambiente de trabalho. Eles são incentivados a participar de discussões estratégicas e a contribuir com ideias, independentemente de seu nível hierárquico ou cargo.

A Semco também busca eliminar ou minimizar cargos gerenciais e camadas hierárquicas desnecessárias, por acreditar que hierarquias burocráticas atrapalham a agilidade, a inovação e a eficiência. Ao reduzir a hierarquia, a Semco visa promover uma cultura de maior autonomia e responsabilidade individual, permitindo que os funcionários atuem com mais liberdade e se sintam mais empoderados.

Além disso, adota práticas como remuneração variável baseada no desempenho, eleição direta dos líderes por parte dos funcionários e horários de trabalho flexíveis. Essas políticas contribuem para a promoção de um ambiente de trabalho mais participativo e equitativo, no qual todos têm a oportunidade de exercer influência e ter sua voz ouvida.

Essa abordagem tem mostrado sucesso para a Semco, resultando em altos níveis de engajamento dos funcionários, melhoria da eficiência operacional e maior inovação. A empresa ganhou destaque internacional como uma das pioneiras em uma nova forma de gestão que valoriza a colaboração, a autonomia e a participação dos funcionários.

Zappos e Semco são dois bons exemplos de empresas que já operam mais próximo do modelo de rede distribuída.

Famílias

No passado, as famílias tendiam a ser estruturadas de acordo com o modelo patriarcal, em que o pai era considerado o líder e provedor, com autoridade sobre os demais membros da família. No entanto, nos dias de hoje, vemos uma diversificação das estruturas familiares.

Não se pode mais considerar a "família tradicional" como a única configuração familiar válida. A noção de "família tradicional" composta por um casal heterossexual e seus filhos está sendo questionada, uma vez que há uma ampla variedade de arranjos familiares emergindo.

Um exemplo dessa diversificação é o aumento das famílias monoparentais, em que um dos pais assume a responsabilidade de criar os filhos sozinho. Isso pode ocorrer por diferentes razões, como divórcio, viuvez, abandono ou escolha pessoal. Famílias com pais ou mães do mesmo sexo também estão se tornando mais comuns, à medida que a sociedade se torna mais inclusiva e aceitadora da diversidade de orientação sexual.

Outro exemplo é a formação de famílias com filhos de casamentos diferentes. Nesses casos, os pais têm filhos de relacionamentos anteriores e se unem em um novo casamento ou união estável. Essas famílias mistas trazem desafios e oportunidades únicas em termos de estrutura e dinâmica familiar.

A sociedade tem desempenhado um papel crucial na diversificação das estruturas familiares. Avanços culturais, sociais e legais têm contribuído para a aceitação e o reconhecimento de diferentes arranjos familiares. A luta por igualdade de gênero e pela inclusão de indivíduos LGBTQIA+ tem resultado em mudanças nas atitudes sociais em relação à família.

Além disso, o avanço da tecnologia e a globalização também têm impactado as estruturas familiares. A facilidade de comunicação e transporte permitiu que famílias se formem ou se mantenham conectadas mesmo em situações de distância geográfica.

As mudanças econômicas e sociais também influenciaram na estrutura familiar. Com o aumento da participação feminina no mercado de trabalho e o surgimento de novos modelos familiares, com o casamento tardio e o aumento das taxas de divórcio, as pessoas têm maior liberdade para escolher suas formas de convivência e criação dos filhos.

Estado

Possivelmente, a forma como a sociedade se organiza em torno do poder estatal está um tanto atrasada no campo político. O atual sistema democrático, baseado em representação, também é caracterizado por uma hierarquia na qual os congressistas desempenham o papel de representar um grupo de pessoas.

Contudo, atualmente existe um notável distanciamento entre o poder e o desejo do povo: deputados e senadores parecem representar cada vez menos os anseios, demandas e necessidades da população. Isso resulta em alinhamentos cada vez mais flexíveis, uma vez que é comum concordar com algumas ideias de uma pessoa, mas discordar de muitas outras. Essa situação tem causado uma crise de representatividade, com sérias repercussões na forma de se fazer política ao redor do mundo.

Os arranjos políticos no Congresso muitas vezes ocorrem independentemente dos partidos políticos devido a uma série de fatores e interesses individuais dos parlamentares. Embora os partidos sejam a base organizacional na política e forneçam uma estrutura para a representação política, é comum observar alianças e coalizões que transcendem as divisões partidárias.

Esses arranjos geralmente acontecem por motivações estratégicas, representando uma busca por benefícios pessoais ou para atender às demandas de grupos específicos de eleitores. Os parlamentares podem priorizar seus próprios interesses, como acesso a recursos, apoio financeiro para suas campanhas ou a garantia de conquistas políticas em suas bases eleitorais.

Além disso, questões ideológicas e políticas regionais podem influenciar nesses arranjos independentes dos partidos políticos. Por exemplo, parlamentares de diferentes partidos podem se unir em torno de uma causa comum que afeta sua região, como a defesa de interesses agrícolas ou o desenvolvimento de uma determinada infraestrutura local.

Essa independência dos arranjos políticos em relação aos partidos políticos pode gerar uma crise de representatividade no Congresso, pois o papel dos partidos é justamente representar e canalizar as demandas e os interesses dos eleitores.

Quando os parlamentares se afastam das diretrizes partidárias para buscar benefícios pessoais ou atender a interesses específicos, podem deixar de cumprir seu papel de representantes dos cidadãos que os elegeram.

Isso pode resultar em uma desconexão entre os parlamentares e as demandas da população, levando à perda de confiança dos eleitores na política e nos seus representantes.

Além disso, quando os arranjos políticos independentes dos partidos predominam no Congresso, o cumprimento das plataformas partidárias e a coerência ideológica podem ser comprometidos. Isso gera dificuldades para construir consensos e para implementar políticas públicas coerentes, prejudicando a governabilidade e a efetividade do Legislativo.

Essa crise de representatividade é agravada quando os eleitores percebem que não estão sendo representados de forma adequada, que seus anseios e necessidades não são considerados no processo político.

Isso pode levar ao aumento da apatia política, à descrença nas instituições democráticas e até mesmo ao fortalecimento de movimentos ou lideranças que questionam a própria legitimidade do sistema representativo.

Tanto a Primavera Árabe quanto o Occupy Wall Street e as manifestações no Brasil em 2013 foram movimentos populares que surgiram como resposta a questões de representatividade, desigualdade e falta de voz da população. Esses movimentos foram impulsionados pela insatisfação com as lideranças políticas, consideradas corruptas, autoritárias e distantes das necessidades e demandas da sociedade.

Da mesma forma que a discussão sobre a crise de representatividade no Congresso, os movimentos da Primavera Árabe e o Occupy Wall Street colocaram em evidência a desconexão entre os líderes políticos e a vontade popular. Eles destacaram a necessidade de maior participação cidadã, de políticas mais inclusivas e de uma democracia que realmente representasse os interesses da população.

Nessas manifestações políticas, em que as pessoas são os principais agentes, os cartazes são comumente confeccionados em cartolina. Por outro lado, nas manifestações originadas em estruturas hierárquicas, costumam-se utilizar bandeiras e faixas padronizadas, com o intuito de transmitir uma imagem coesa e uniforme.

Essas diferenças na forma de manifestação refletem a diversidade e pluralidade dos movimentos sociais. Enquanto os cartazes em cartolina representam a expressão individual e espontânea, as bandeiras e faixas padronizadas destacam a busca por uma identidade institucional e visibilidade unificada.

Durante as manifestações ocorridas no Brasil em 2013, os jornalistas buscavam identificar os "líderes" e porta-vozes do movimento. Arriscaram dizer que era o Movimento Passe Livre.

Na verdade, o Movimento Passe Livre funcionou como o estopim de um movimento muito mais amplo. Foi a complexidade dessa amplidão que tornou extremamente desafiador contar a história dessas manifestações, já que elas não se resumem a uma única narrativa, mas sim a uma variedade de anseios expressados por diferentes grupos de pessoas.

Um contraste interessante pôde ser observado no movimento Fora Dilma, ocorrido dois anos depois, que foi impulsionado por lideranças hierárquicas, como o MBL, cujos líderes obtiveram posições significativas na Câmara dos Deputados em 2018.

Nesse contexto, a imprensa também precisa repensar seus conceitos. Muitas vezes, há a tentação de explicar os movimentos em rede por meio de estruturas hierárquicas, seguindo a forma como jornalistas e analistas foram tradicionalmente instruídos a pensar. No entanto, a topologia social mudou e não podemos mais aplicar teorias do passado para compreender o que está ocorrendo atualmente. É necessário adotar novas teorias e abordagens para uma compreensão mais precisa.

Rede distribuída fomenta a diversidade

A teoria da cauda longa, proposta por Chris Anderson, sugere que, com a eliminação das limitações físicas e de distribuição na era digital, é possível alcançar um público maior e atender a uma ampla gama de interesses e nichos de mercado. Em outras palavras, a internet torna possível a comercialização e o consumo de produtos e serviços menos populares, mas que juntos têm um alcance significativo.

Se olharmos do ponto de vista das relações sociais, as pessoas pertencentes a grupos minoritários têm uma maior possibilidade de se encontrar e propor mudanças que tragam mais respeito a esses grupos como resultado da rede distribuída e da teoria da cauda longa.

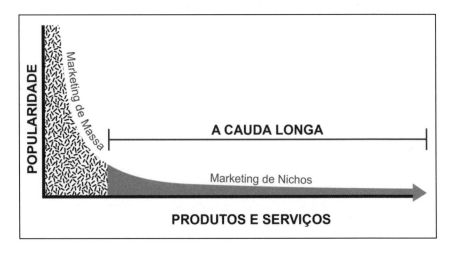

Com a proliferação da internet e das tecnologias de rede, a rede distribuída permite que pessoas de diferentes origens e culturas se conectem e compartilhem suas experiências, perspectivas e demandas. Isso amplia a visibilidade desses grupos, criando espaços virtuais onde podem se encontrar, trocar ideias e formar comunidades.

A teoria da cauda longa, quando aplicada à rede distribuída, oferece a oportunidade de se concentrar em nichos de interesse específicos, incluindo questões relacionadas a grupos minoritários. Isso significa que pessoas que pertencem a esses grupos podem encontrar informações, recursos e iniciativas que são relevantes para eles, mesmo que não sejam amplamente conhecidos ou abordados na mídia *mainstream*.

Essa capacidade de se conectarem e se encontrarem em espaços virtuais facilita a discussão, organização e mobilização em torno de questões que são importantes para os grupos minoritários. Com a rede distribuída, eles podem ter um alcance maior, alcançando uma audiência global e atraindo a atenção de pessoas que compartilham suas preocupações.

Essa amplificação das vozes e demandas dos grupos minoritários, possibilitada pela rede distribuída e pela teoria da cauda longa, cria uma oportunidade para propor mudanças que tragam mais respeito e equidade para esses grupos. Ao se conectarem e se organizarem *online*, essas comunidades têm mais chances de influenciar a opinião pública, pressionar por mudanças políticas e sociais e promover uma maior conscientização sobre suas lutas e necessidades específicas e assim estimular o respeito à diversidade.

IGUALDADE   **EQUIDADE**

CAPÍTULO 4

A TRANSIÇÃO

"Nada é mais difícil de assumir, mais perigoso de conduzir e de sucesso mais incerto do que tomar a liderança na introdução de uma nova ordem de coisas."

Maquiavel

Vida híbrida

Vimos no capítulo anterior que as organizações estão sendo fortemente desafiadas pelas mudanças da sociedade.

Essas mudanças se aceleraram desde que a evolução do *desktop* para o *smartphone* fez com que os equipamentos deixassem de apenas processar dados e também passassem a conectar pessoas. A partir do momento em que os *smartphones* foram para as mãos das pessoas, a topologia de rede distribuída invadiu os ambientes familiares, os locais de trabalho e as salas de aula. Por isso, ao mesmo tempo em que temos pessoas conectadas no modo distribuído, contamos ainda com estruturas de gestão descentralizadas. Ambas convivem, de forma híbrida.

Essa não é, porém, uma convivência pacífica. Estamos vivendo uma época de transformação cultural. Isso vai muito além da tecnologia, embora seja impulsionada por ela. A topologia das relações humanas está mudando, viabilizada pelos *smartphones*, e vem provocando mudanças sísmicas na sociedade. As máquinas são só canais para que a vida humana aflore de forma diferente.

É esse momento híbrido que nos faz sentir que tudo está mudando rapidamente. Novas empresas com cultura digital vão surgindo. Empresas tradicionais, que sempre conseguiram se reinventar, perceberam que a mudança agora acontece mais rapidamente e estão correndo para ter seu lugar ao sol nos próximos anos. As empresas rígidas quebrarão – como já aconteceu com algumas.

Tradicionalmente, as estruturas das instituições foram organizadas de forma hierárquica, para desenvolver produtos e serviços e colocá-los com eficiência no mercado. Hoje, a maior parte dos investimentos ainda está alocada nesse tipo de estrutura. Nos próximos anos, entretanto, isso irá mudar completamente, já que as estruturas distribuídas são mais ágeis e a cultura vem adotando o *mindset* distribuído como seu paradigma principal.

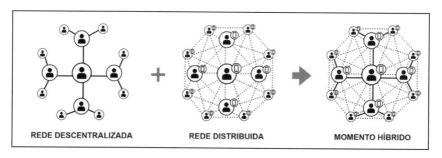

Tive a oportunidade de participar da edição de 2018 do Web-Summit, evento que acontece em Lisboa desde 2015 e reúne mais de 70 mil pessoas. O evento revela todo um novo ecossistema de soluções e desenvolvimento de negócios, no qual as relações se dão de forma distribuída. Quem vive nesse sistema tem confiança na rede e dá a ela um valor muito maior do que o que é atribuído por pessoas que dele não fazem parte.

Um exemplo simples é o fato de que há pessoas que fazem sua inscrição para o evento, compram passagem para Lisboa e, dois ou três dias antes do início do congresso, não têm onde dormir na cidade. Elas então informam em suas redes sociais que estão indo para o Web-Summit e precisam de um lugar para ficar. Incrivelmente (para quem não faz parte desse ambiente), a rede acolhe o pedido e a pessoa é atendida. Pude ver isso com meus próprios olhos.

O que acaba acontecendo é uma relação de confiança e reciprocidade. Quando alguém pedir ajuda na rede, essa pessoa que foi ajudada estará disposta a ajudar. Assim, vai sendo criado um círculo virtuoso, em que a rede se fortalece e relações não financeiras se estabelecem. Cada vez mais, fundos de investimento entendem a força dessas relações e estão colocando dinheiro em empresas que possuem uma estrutura distribuída e uma cultura digital.

Duas estruturas diferentes

Desde que eu vivenciei essa situação em 2018, ela tem se intensificado cada vez mais. Ao ver esse ambiente distribuído funcionando, percebo que duas formas de agir estão acontecendo ao mesmo tempo, com velocidades e movimentos diferentes.

O resultado é que o movimento das empresas digitais está minando as estruturas da hierarquia. Com isso, a tendência não é de diminuição das estruturas tradicionais; elas irão desmoronar. Essa percepção será ainda mais clara no futuro, quando, ao olharmos para os dias atuais sob uma perspectiva histórica, entenderemos o significado dessas mudanças profundas.

Nas empresas descentralizadas, o processo de tomada de decisão é caracterizado por ser lento e fortemente influenciado pelas políticas internas. No entanto, nas empresas distribuídas, a política corporativa não possui tanta relevância no processo de tomada de decisão. Isso cria um ambiente propício para a presença de profissionais com características diferentes do perfil tradicional.

Nesse contexto, há menos espaço para egos inflados e indivíduos que buscam exercer controle e poder. À medida que a rede se torna mais compartilhada, a convivência em empresas digitais se torna mais harmoniosa.

Enquanto as empresas descentralizadas seguem um modelo de comunicação e poder baseado em transmissão *broadcast* (de um para muitos, partindo de um núcleo detentor do conhecimento), a tendência é migrarmos para um modelo mais semelhante ao *blockchain*, onde não há uma gestão centralizada e todos os participantes da rede contribuem para a validação do conhecimento.

Nesse novo modelo, a transmissão *broadcast* perde sua relevância e, ao mesmo tempo, a validação coletiva da rede traz maior confiança para a integridade do sistema como um todo.

Essa evolução para um ambiente mais distribuído e colaborativo tem vantagens significativas para as empresas. A rapidez e agilidade na tomada de decisões são aprimoradas, pois não há a necessidade de passar por uma hierarquia rígida de aprovações. Além disso, a diversidade de perspectivas e habilidades presentes na rede contribui para a geração de ideias inovadoras e soluções criativas para os desafios enfrentados pela empresa.

A transição de empresas descentralizadas para modelos mais distribuídos já está transformando a dinâmica do ambiente corporativo.

O foco no compartilhamento de conhecimento, na colaboração e na descentralização do poder contribui para uma cultura organizacional mais inclusiva, flexível e adaptável às mudanças do mercado. Essa mudança de paradigma promove o surgimento de novas formas de trabalho e formas de relacionamento entre os colaboradores, impulsionando o crescimento e o sucesso das empresas digitais.

Hoje, estamos testemunhando o surgimento de um ecossistema em constante expansão, moldado de forma distribuída. O que antes era um movimento protagonizado por algumas poucas pessoas com ideias inovadoras agora é composto por milhares e milhares de empreendedores que buscam investimentos provenientes de centenas de indivíduos e empresas. Esse cenário acontece em um ambiente de "caos organizado", no qual pessoas de diferentes partes do mundo, com histórias de vida e conhecimentos distintos, se unem.

Acredito firmemente que, com o tempo, as estruturas descentralizadas serão substituídas, ao invés de coexistirem, por esse mundo distribuído. Talvez, a única exceção recaia sobre setores industriais como a siderurgia.

Porém, tudo aquilo que está relacionado a serviços faz muito mais sentido nesse contexto distribuído. Segmentos como bancos, escolas, hospitais, entre outros, que envolvem predominantemente a interação entre pessoas, serão profundamente transformados. Inclusive, alguns setores industriais também sentirão tal impacto. Em um futuro próximo, será possível imprimir em larga escala camisetas e calçados personalizados, utilizando tecnologia 3D. Isso mudará completamente a lógica de distribuição das empresas.

Essa mudança permitirá que a produção seja descentralizada, saindo de um ponto central para ser realizada próximo aos pontos de venda ou até mesmo nas residências das pessoas. Essa nova dinâmica de relações, possibilitada pelo avanço tecnológico, inevitavelmente levará ao desaparecimento das estruturas hierárquicas tradicionais.

Com essa nova configuração, os custos e a viabilidade financeira dos negócios serão completamente transformados. Os empreendedores terão a oportunidade de aproveitar os benefícios dessa descentralização, que traz consigo maior flexibilidade e agilidade nas operações comerciais.

Nesse sentido, é fundamental que os profissionais acompanhem essa transformação e estejam preparados para se adaptar às novas demandas e oportunidades que surgirão. O mundo distribuído está se estabelecendo como o novo paradigma, e aqueles que souberem se posicionar de maneira adequada poderão conquistar vantagens competitivas significativas em relação aos concorrentes que permanecerem presos às estruturas hierárquicas tradicionais.

Portanto, é necessário abraçar essa mudança e buscar compreender as implicações e vantagens que o mundo distribuído oferece. Aqueles que estiverem dispostos a se adaptar e inovar poderão ter um futuro próspero nesse novo cenário empresarial.

Aumento do descontrole

A tecnologia transformou radicalmente nosso modo de vida, mergulhando-nos em tempos caórdicos. Como estamos vendo neste livro, estamos imersos em um sistema complexo que mescla elementos de caos e ordem.

A revolução cultural trazida pelos *smartphones*, redes *wi-fi* e a tecnologia 5G alterou profundamente o ambiente em que nossas relações acontecem. Isso gerou uma mudança significativa no *status quo* e questionou muitas das certezas que tínhamos, resultando em ambientes menos controlados.

Embora a falta de controle possa sugerir maior liberdade de atuação, também aumenta as incertezas em um mundo com mais caos. Nossa necessidade de vivermos em liberdade, mas com alguma segurança, nos empurra para um ambiente que chamamos de caórdico.

Esse ambiente requer o desenvolvimento de novas habilidades e conhecimentos.

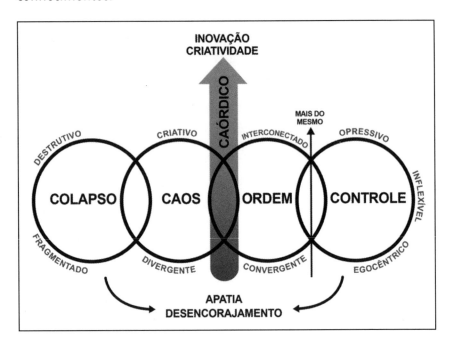

Caórdico

A vida em rede, impulsionada pelos *smartphones* e pela conexão com a internet, revolucionou a forma como vivemos e construímos nossas vidas. Novas formas de relacionamento e negócios surgiram e se tornaram possíveis. Essa transformação gerou um certo caos na sociedade, pois a insegurança aumentou e a vulnerabilidade se tornou mais evidente. Setores tradicionais, como redes de hotéis e o sistema de táxis, viram seus modelos de negócio ser desafiados pela sociedade em rede.

Em meio a essa sensação de caos, surgiu também um sentimento de que é possível criar e inovar nesse ambiente, trazendo mais ordem. Estamos todos questionando e avaliando como podemos fazer as coisas de forma diferente. A vida em rede trouxe o caos, mas também a oportunidade de usar a criatividade e inovação para construir um novo mundo com uma nova ordem. Esse momento de transição é chamado de "caórdico".

É o equilíbrio entre o caos e a ordem que chamamos de caórdico. Uma situação de caos, se levada ao extremo, gera colapso e destruição. Por outro lado, uma geração de ordem extrema leva ao controle e à opressão. Existe um espaço em que o caos encontra a ordem, um espaço em que existem, ao mesmo tempo, inovação, criatividade e processos estabelecidos. Nesse espaço caórdico, existe alguma ordem, mas se abre espaço para o caos interferir e gerar novas ideias e soluções criativas.

O termo "mundo caórdico" foi cunhado por Dee Hock, fundador da Visa, e descreve um sistema complexo que combina elementos de caos e ordem. Em um mundo caórdico, os sistemas são altamente adaptativos e emergentes, caracterizados por interações imprevisíveis e uma falta de controle centralizado. Essa ideia reconhece que tentar impor controle completo e previsibilidade em um sistema complexo pode ser prejudicial.

O Espaço Caórdico provocado pela rede distribuída

Essas mudanças provocaram uma desestruturação das antigas formas de controle e poder. Nas últimas décadas, testemunhamos a descentralização da informação, um aumento na disseminação de conhecimento e no acesso à diversidade de perspectivas. Isso resultou em uma maior capacidade dos indivíduos de se expressarem, serem ouvidos e se organizarem coletivamente. A era digital também tem desafiado as estruturas de controle político estabelecidas. Através da internet e das redes sociais, as pessoas têm acesso a fontes alternativas de informação e têm a capacidade de se envolver em debates políticos, além de organizarem e mobilizarem movimentos sociais. Isso tem possibilitado maior participação cidadã, transparência e fiscalização dos governos.

Pode-se dizer que inovação do Vale do Silício está relacionada com o surgimento de um espaço caórdico devido à coexistência de caos e ordem, à experimentação e ao risco, à colaboração e ao *networking*, bem como à transformação e à disrupção que ocorrem nesse ecossistema.

No Vale do Silício, um dos principais ecossistemas de inovação do mundo, podemos observar o caos na constante mudança, nas incertezas e na competição acirrada entre as empresas. Por outro lado, a ordem se estabelece por meio de estruturas, processos e regulamentações que moldam o funcionamento desse cenário. Nesse ambiente, a experimentação e o risco são incentivados. As empresas do Vale do Silício costumam adotar uma abordagem iterativa, lançando MVPs (*Minimum Viable Products*) de forma rápida para aprender com o *feedback* dos clientes. Isso cria um estado caórdico em que diferentes ideias são testadas, adaptadas e refinadas ao longo do tempo até encontrar uma ordem eficiente.

Esse ecossistema se destaca por promover a colaboração e o *networking*. Existe uma vasta rede de parcerias, investimentos e trocas de conhecimento entre empresas, investidores e intelectuais, criando um ambiente de ordem em meio a esse contexto caótico. Por esse motivo, o local está associado a uma transformação e disrupção constantes. É conhecido por gerar grandes inovações que desafiam as antigas ordens e, muitas vezes, substituem modelos e tecnologias existentes por novas abordagens.

No entanto, é importante ressaltar que a desestruturação da ordem e a quebra do controle social também trazem desafios e preocupações. A disseminação de desinformação, a polarização, a falta de privacidade e a manipulação das informações têm se tornado questões problemáticas. Além disso, a ascensão de plataformas digitais corporativas pode criar novas formas de concentração de poder e controle.

Diante dessas mudanças, é necessário repensar os sistemas sociais e políticos existentes e buscar um equilíbrio entre a democratização da informação e a responsabilidade individual. É fundamental promover a alfabetização digital, o pensamento crítico e o fortalecimento de instituições que garantam a proteção dos direitos e liberdades individuais.

A era digital permitiu o acesso a uma quantidade imensa de informações e possibilidades, gerando um ambiente propício para a expressão de novas ideias e soluções criativas. As tecnologias digitais têm ampliado os canais de comunicação e possibilitado a conexão entre pessoas de diferentes partes do mundo. Isso tem fomentado a diversidade de perspectivas e experiências, criando um caldo de cultura propício para o surgimento de novas ideias, inovações e descobertas.

Essa ampliação do acesso à informação e a possibilidade de conexão global têm sido fatores relevantes para o surgimento dos diversos sistemas e aplicativos para celulares. Com o desenvolvimento de novos *softwares*, as possibilidades de interação e de acesso a serviços e conteúdos se expandiram consideravelmente. Os aplicativos têm permitido o desenvolvimento de novas formas de interação social, acesso a serviços financeiros, entretenimento, educação, saúde, transporte, entre muitos outros campos.

A diversidade de perspectivas e a conectividade global têm estimulado empreendedores e desenvolvedores a criar aplicativos para atender às demandas e necessidades dos usuários. Além disso, a evolução tecnológica e o acesso a ferramentas de desenvolvimento têm facilitado a criação e a distribuição desses aplicativos.

O ambiente digital propicia um espaço mais aberto e acessível para o desenvolvimento dessas soluções criativas. Através dos aplicativos, é possível explorar diferentes formas de interação, personalização e facilidade de acesso aos serviços e conteúdos. Isso torna esses aplicativos tão populares e variados, atendendo às diferentes demandas das pessoas da sociedade moderna.

Além disso, a descentralização da informação e o poder da conectividade têm favorecido a quebra de antigos paradigmas e estruturas de controle. Através das redes sociais e plataformas digitais, as pessoas têm a oportunidade de se envolver em discussões políticas, sociais e culturais, desafiando as narrativas estabelecidas e buscando novas formas de compreender o mundo.

Esse espaço caórdico também tem sido impulsionado pela colaboração e interação entre diferentes campos do conhecimento. A interdisciplinaridade tem se tornado cada vez mais comum, permitindo que se combinem diferentes saberes e abordagens, gerando soluções mais criativas e integradas.

No entanto, é importante destacar que esse espaço caórdico também traz desafios. A rapidez do avanço tecnológico e a imensa quantidade de informações disponíveis podem gerar sobrecarga e dificuldade em discernir entre fontes confiáveis e enganosas. Além disso, a fragmentação da informação em bolhas algorítmicas pode levar à polarização e ao surgimento de desinformação.

Para navegar nesse espaço caórdico do século XXI, é necessário cultivar habilidades como pensamento crítico, discernimento, capacidade de adaptação e colaboração. É essencial buscar um equilíbrio entre a liberdade de expressão e a responsabilidade individual na disseminação de informações.

Assim, a chegada da era digital tem estimulado o surgimento e a expansão do espaço caórdico. Esse espaço oferece oportunidades para a criatividade, a inovação e a colaboração, mas também exige a reflexão e a busca por formas responsáveis de participar e interagir no mundo digital.

A transição entre as etapas dessa sequência, do colapso ao caos, da ordem ao controle, é um processo complexo e muitas vezes inevitável. Quando um sistema atinge o seu limite, seja ele social, econômico ou natural, o colapso se faz presente. É o momento em que todas as estruturas existentes parecem ruir, gerando um estado de caos e incerteza. No entanto, é nesse caos que surgem oportunidades de mudança e renovação. O caos é um terreno fértil para a criatividade, para o questionamento das velhas estruturas e para a busca de soluções inovadoras. É como se as antigas regras fossem quebradas, dando espaço para o novo e o desconhecido.

À medida que novas ideias e propostas vão surgindo no caos, inicia-se um movimento em direção à ordem. Gradualmente, são estabelecidos novos princípios e regras, conforme se busca equilibrar a situação caótica anterior. É um processo de reorganização, em que a busca por estabilidade e previsibilidade se torna predominante.

Porém, é importante ter cuidado para não cair em um controle excessivo. Quando a ordem é levada ao extremo, pode ocorrer um processo de compressão e opressão. As liberdades individuais são restringidas e a criatividade é sufocada. Nessa fase, o controle se torna mais importante do que a inovação, o que pode levar a um estado de estagnação e empobrecimento da sociedade.

Por isso, é fundamental encontrar um equilíbrio entre o caos criativo e a ordem necessária para a estabilidade. É no espaço caórdico, onde a ordem e o caos se encontram, que a verdadeira transformação ocorre. Nele, a ordem estabelecida é desafiada e reavaliada constantemente, abrindo espaço para o surgimento de novas ideias e soluções criativas.

Assim, a transição entre as etapas da sequência colapso, caos, ordem e controle é um processo contínuo e cíclico. É uma jornada que exige sabedoria, flexibilidade e resiliência para lidar com os desafios que surgem a cada fase. Somente através desse movimento dinâmico é que podemos alcançar um equilíbrio sustentável e promover um desenvolvimento humano mais harmonioso.

Existem pensadores, como Fritjof Capra, Edgar Morin, Ken Wilber e Nassim Nicholas Taleb, que tratam, de diferentes formas, do conceito caórdico.

Fritjof Capra, no livro *A Teia da Vida: uma nova compreensão científica dos sistemas vivos*, sugere adotar uma abordagem holística e integradora, baseada no pensamento sistêmico e na sustentabilidade. Isso implica compreender a interconexão entre os diferentes aspectos da realidade e buscar soluções que promovam a adaptabilidade, a flexibilidade e a harmonia com a natureza.

Em seu livro *Antifrágil*, Nicholas Taleb enfatiza a importância de abraçar e se adaptar à incerteza, em vez de tentar eliminá-la totalmente. Assim como o sistema caótico, ele reconhece que a complexidade e a imprevisibilidade fazem parte da natureza dos sistemas e destaca a importância de se tornar mais flexível, adaptável e resiliente diante das mudanças e incertezas do mundo.

Edgar Morin é outro pensador que traz o conceito de caórdico em sua obra. Em *O Método 6: Ética,* Morin aborda a ética como forma de lidar com a complexidade e o caos do mundo contemporâneo. Ele argumenta que a complexidade é uma parte inerente da realidade e que precisamos abraçá-la e empreender uma abordagem ética para enfrentar os desafios que ela traz.

Mais especificamente, Morin enfatiza que a ética deve ser pensada não apenas como uma lista de princípios e regras abstratas, mas como uma prática para enfrentar o desconhecido e os dilemas éticos que surgem na complexidade do mundo. Ele destaca a importância de uma atitude de incerteza, de admitir a nossa limitação no conhecimento e de buscar soluções que sejam tanto responsáveis quanto adaptáveis.

Apesar de não estar totalmente alinhado com o conceito de mundo caórdico, percebo que o pensamento de Ken Wilber pode servir como uma importante orientação para a construção de um mundo mais humano e justo, especialmente em meio às oportunidades que surgem em momentos caóticos.

Acredito que as ideias de Wilber, como sua abordagem integral e sua visão holística da realidade, podem nos fornecer uma base sólida para navegar na complexidade dos tempos atuais. Sua teoria nos convida a considerar e integrar diferentes perspectivas, níveis de consciência e dimensões da experiência humana, o que pode ser especialmente valioso quando nos deparamos com desafios caóticos e imprevisíveis.

Ao abraçarmos essa abordagem integral, podemos buscar soluções mais abrangentes, equitativas e inclusivas. Isso significa reconhecer a importância tanto do individual quanto do coletivo, das dimensões espirituais, sociais, psicológicas e culturais. Compreender e integrar essas diversas facetas pode nos ajudar a encontrar maneiras mais eficazes de construir um mundo melhor em meio ao caos em que vivemos.

Embora o pensamento de Wilber possa não estar totalmente alinhado com o conceito de mundo caórdico, acredito que suas ideias podem complementar e enriquecer nossa compreensão e abordagem para enfrentar as complexidades do mundo atual.

O líder vulnerável

Para se adaptar e viver nesse ambiente híbrido e distribuído, caórdico, é necessário aceitar a vulnerabilidade, desenvolver habilidades de adaptação, cultivar uma mentalidade colaborativa, ser resiliente e abraçar a diversidade.

Nesse contexto, é essencial que o líder desenvolva habilidades de adaptação e flexibilidade, pois o ambiente distribuído requer constante aprendizado e mudanças. Além disso, é fundamental cultivar uma mentalidade colaborativa, pois nesse mundo caórdico as relações de cooperação são mais valorizadas do que as de competição.

Outro aspecto importante é entender a importância da resiliência. No ambiente distribuído, é inevitável enfrentar desafios e obstáculos, mas é a capacidade de superá-los e continuar em frente que irá definir o sucesso. É necessário valorizar a resolução de problemas e a capacidade de lidar com a incerteza.

Abraçar a diversidade é outra demanda. No contexto do mundo distribuído e caórdico, reconhece-se o valor das variadas origens, perspectivas e experiências de cada indivíduo, visto que contribuem para o enriquecimento do grupo em sua totalidade. Aceitar e valorizar essa diversidade é essencial para obter resultados mais criativos e inovadores.

A liderança é pautada por aspectos como vulnerabilidade, escuta, compartilhamento, conexões, fluidez nas relações, aprendizado contínuo, confiança, transparência e resiliência emocional. Adaptar-se a essas novas competências é essencial para se destacar e prosperar nesse ambiente caórdico e distribuído.

A fluidez nas relações exige também uma mentalidade de aprendizado contínuo. É importante abandonar a ideia de que a liderança é um cargo fixo e passar a vê-la como uma habilidade que pode ser desenvolvida por qualquer pessoa. Todos têm a capacidade de liderar em diferentes momentos e situações, e é essencial estar aberto a aprender e se adaptar constantemente.

No ambiente distribuído, a confiança e a transparência são fundamentais. Não há espaço para jogos de poder ou para esconder informações. É necessário construir relacionamentos sólidos, baseados na confiança mútua, para que as trocas de conhecimento e conexões aconteçam de forma eficaz.

Além disso, a resiliência emocional também se torna crucial. Lidar com a incerteza, as mudanças constantes e os desafios do ambiente distribuído pode ser desgastante. A capacidade de se adaptar, se recuperar rapidamente e manter o equilíbrio emocional se torna um diferencial importante para os líderes.

Um exemplo de como a resiliência emocional é crucial em um ambiente distribuído é o caso da empresa de *streaming* de vídeo Netflix. Durante a transição para uma empresa distribuída, a Netflix enfrentou desafios significativos para manter a eficácia de sua operação. À medida que a empresa expandia sua presença global, a equipe teve que lidar com mudanças constantes nas dinâmicas de trabalho, fusos horários diferentes e necessidades específicas de cada região. Essas mudanças e incertezas poderiam ter afetado negativamente o desempenho dos colaboradores.

No entanto, graças à resiliência emocional tanto dos líderes quanto dos colaboradores, a Netflix conseguiu se adaptar com sucesso. Eles investiram em comunicação clara, estabeleceram processos eficientes e promoveram uma cultura de apoio mútuo. Os líderes da empresa incentivaram a resiliência emocional, encorajando a expressão de sentimentos, fornecendo recursos de apoio emocional e promovendo um ambiente onde os colaboradores sentissem que suas necessidades eram ouvidas e atendidas.

Esse exemplo demonstra como a resiliência emocional é essencial para garantir a continuidade e o sucesso de uma empresa distribuída. Ao desenvolvê-la, a Netflix e sua equipe conseguiram superar os desafios emocionais e as adversidades inerentes a esse ambiente e manter um alto nível de desempenho e comprometimento.

Isso ocorre porque, no ecossistema de *startups*, a colaboração e o compartilhamento de conhecimento são valorizados acima de tudo. As barreiras tradicionais de competição e segredo são substituídas pela mentalidade de crescimento conjunto.

Nesse ambiente de abundância, impulsionado pela velocidade da inovação e pela conectividade global, a flexibilidade é agora essencial para se adaptar às demandas em constante mudança do mercado.

Empresas como o Airbnb exemplificam perfeitamente esse novo paradigma. Seu valor não reside no estoque físico de quartos, mas na capacidade de conectar proprietários de imóveis com viajantes, resultando em uma variedade inigualável de opções de hospedagem.

O mesmo acontece com o Uber, cuja riqueza não está nos carros propriamente ditos, mas sim na plataforma que conecta motoristas e passageiros de forma eficiente.

Esses casos de sucesso desafiam a visão tradicional de que a riqueza é concentrada nas mãos de poucos. Pelo contrário, eles mostram que um ambiente distribuído, centrado na colaboração e na conexão, pode gerar mais riqueza de forma coletiva, beneficiando a todos os envolvidos.

O salto do trapézio

Uma excelente metáfora para o momento que estamos atravessando é a figura do trapezista do circo. Quando o trapezista está segurando um trapézio e salta para agarrar o outro, há um momento de vulnerabilidade, em que ele está no ar, sem segurar em lugar nenhum. É neste ponto que estamos quando fazemos a transição do descentralizado para o distribuído: saltando de algo conhecido para algo ainda desconhecido. O momento da transição traz um vazio e uma insegurança, pois estamos vulneráveis ao trocar de posição.

O tempo em que vivemos é o tempo mais difícil, pois temos instalado em nossas mentes o *mindset* descentralizado. Por mais que nos esforcemos para mudar os hábitos e nos comportar de forma distribuída, o modelo mental tende a oferecer um "porto seguro", ainda que ilusório. O mundo distribuído é o futuro: a questão é quando iremos saltar de um trapézio para outro.

O ponto é que, na hora em que pegamos o trapézio que está do outro lado, conseguimos avançar para o próximo movimento. Quem fica agarrado ao trapézio atual até poderá ir um pouco para a frente, mas logo começará a ficar para trás. As instituições que já se organizam de forma distribuída deixam muito claro que basta um pequeno salto no vazio para chegar ao outro lado. É hora de se lançar!

Nesse sentido, é importante destacar a necessidade de coragem e disposição para se adaptar às mudanças e abraçar o novo. Assim como o trapezista precisa confiar em sua própria habilidade e ousadia para saltar de um trapézio para outro, nós também devemos confiar em nossa capacidade de enfrentar os desafios e nos adaptar às novas circunstâncias.

O momento atual é marcado por uma aceleração da transformação digital e pela necessidade de se adequar a uma realidade cada vez mais conectada e distribuída. Aqueles que estão dispostos a se lançar nessa jornada de transição estão mais propensos a alcançar o sucesso e se destacar nesse novo cenário.

Portanto, não podemos nos apegar ao que é conhecido e seguro, mas sim buscar novas oportunidades e explorar o potencial do mundo distribuído. O salto para o outro trapézio pode ser assustador, mas é necessário para avançarmos em direção ao futuro.

Então, vamos nos preparar, reunir coragem e nos lançar nessa jornada. Assim como o trapezista que voa pelo ar confiando em suas habilidades, devemos confiar em nossas próprias habilidades e nos permitir voar para o desconhecido. O futuro está à nossa espera; basta darmos o salto!

Guardadas as diferenças, dois excelentes lugares para encontrar trapezistas que estão fomentando esses novos olhares são o WebSummit e SXSW (South by Southwest). Duas das maiores e mais influentes conferências do mundo, cada uma com suas características únicas.

O já mencionado WebSummit, realizado em Lisboa, é conhecido por ser uma conferência voltada para o mundo da tecnologia, da inovação e do empreendedorismo. É considerado um ponto de encontro para *startups*, investidores, líderes de empresas de tecnologia e empreendedores. O evento é marcado por palestras, painéis de discussão, *workshops* e oportunidades de *networking*, com foco nas últimas tendências e nos avanços tecnológicos.

O SXSW, realizado em Austin, no Texas, Estados Unidos, é uma conferência mais abrangente, que aborda uma variedade de temas, incluindo tecnologia, música, cinema, mídia, arte e cultura. O evento engloba painéis, *shows*, exposições, exibições de filmes e muito mais. É conhecido por atrair uma ampla gama de pessoas, desde profissionais da indústria criativa até músicos, cineastas e aficionados pela cultura *pop*.

Embora haja diferenças entre o foco de cada conferência, tanto o WebSummit quanto o SXSW refletem a importância da inovação, colaboração e criação de redes de contatos. Ambos os eventos atraem pessoas influentes e oferecem oportunidades de aprendizado, compartilhamento de conhecimento e conexões valiosas.

CAPÍTULO 5

O LÍDER NA ERA DIGITAL

"Precisamos hoje de mergulhadores, heróis de profundidade, e não de mestres da negação. Precisamos de mentores da maturidade, que possam suportar a tristeza, que vejam o envelhecimento com amor, que mostrem sua alma sem ironia nem constrangimento. Mentores, não animadores de torcida. Mentores, não entusiastas ou filisteus. É melhor a tristeza nos postos altos, o presidente Lincoln, por exemplo, do que a depressão endêmica na população e na economia. Todos os homens legendários do mundo antigo – Ulisses, Enéias, Psiquê, Perséfone, Orfeu, Dionísio, e até Hércules – desceram ao inferno para aprender valores diferentes dos que regem os negócios da vida ao sol. Voltaram com olhos menos brilhantes, capazes de enxergar em tempos sombrios."

James Hillman

Liderança para a transformação digital

Até o momento, exploramos a influência da conexão distribuída entre as pessoas na ameaça das estruturas sociais tradicionais, como o Estado, a igreja, a empresa, a família, a escola e as ONGs. Com a adoção de paradigmas diferentes, torna-se cada vez mais desafiador promover uma convivência harmoniosa entre o novo e o antigo modelo.

Desde o final do século XVII, a sociedade moderna passou a valorizar crescentemente o desenvolvimento mental e intelectual dos indivíduos, relegando, muitas vezes, aspectos emocionais e espirituais a um plano secundário. O pensamento racional assumiu o controle nos meios de produção, nas relações comerciais e no ambiente de trabalho.

Contudo, é preciso atentar a outras características para prosperar no ambiente contemporâneo, marcado por alta complexidade. O intelecto por si só não é suficiente. É necessário cultivar uma intuição aguçada, equilíbrio emocional e uma boa saúde física. Essa mudança em direção a ser um "ser integral" também se manifesta no ambiente profissional. Na Era Industrial, as corporações adquiriam apenas a força física dos trabalhadores. No século passado, passaram a adquirir sua capacidade mental. No entanto, atualmente, a entrega do melhor desempenho está intrinsecamente ligada à presença integral do indivíduo na empresa, com corpo, mente e espírito direcionados para o trabalho.

Essa percepção torna-se cada vez mais clara para as empresas, particularmente aquelas que nasceram com uma essência digital. É importante compreender que nem tudo que foi útil e valorizado no século XX manterá a mesma relevância no século XXI. É justamente isso que abordaremos neste novo capítulo: a preparação dos líderes para enfrentar os desafios que se apresentam na contemporaneidade. A adaptação e a busca pelo equilíbrio entre o antigo e o novo serão cruciais para enfrentar os desafios do século XXI e promover um progresso sustentável em todas as esferas da sociedade.

Transformação: problema ou oportunidade?

Aqueles que estão vivenciando a transformação digital e migrando de uma estrutura hierárquica para uma distribuída podem enxergar essas mudanças como desafios ou como oportunidades. Alguns acreditam que não há tempo para mudar, mesmo que a mudança seja necessária. Porém, aqueles que veem esse movimento como uma oportunidade falam sobre a criação de novos processos de trabalho e uma transformação de mentalidade.

É importante destacar que isso pode ser doloroso, já que tira as pessoas de suas zonas de conforto. Mesmo quando a transformação digital é vista de forma positiva, ainda pode ser desconfortável.

Ao examinar as oportunidades, torna-se evidente que os métodos antigos de resolução de problemas nem sempre são adequados para alcançar novos horizontes. As novas questões e os dilemas que surgem no mundo distribuído, de maneira geral, requerem abordagens inovadoras e perspectivas diferentes.

Quando encaramos a mudança como uma oportunidade, começamos a olhar para o futuro com uma mentalidade de construção, buscando criar uma nova realidade e desafiando as limitações do que é considerado possível. Ao adotarmos essa perspectiva, criamos um ambiente de colaboração, pois reconhecemos que não existem caminhos predefinidos e que a solução será encontrada por meio da cooperação e conexão entre as pessoas. Por outro lado, as oportunidades inspiram entusiasmo e paixão, despertando generosidade e abertura para experimentar novas soluções. Aqueles que se concentram excessivamente nos problemas, por outro lado, tendem a resistir às situações e não estão dispostos a enfrentá-las. Aqueles que veem as oportunidades encaram-nas com entusiasmo, pois estão motivados e conectados consigo mesmos, prontos para buscar soluções criativas e inovadoras.

Quando uma questão é vista como uma oportunidade, não há uma solução pronta. Isso incentiva a busca colaborativa, em que os participantes da rede procuram encontrar diferentes abordagens para resolver a situação. Essa abordagem naturalmente envolve a busca por opiniões e *insights* fora das hierarquias tradicionais, permitindo uma abertura para diferentes perspectivas e conhecimentos.

No entanto, aqueles que veem uma oportunidade não apenas buscam conhecimento, mas também desenvolvem novos relacionamentos para ter acesso a outras formas de ver que os ajudem a encontrar respostas. Eles reconhecem a importância de se conectar com outras pessoas, compartilhar ideias e experiências, e assim ampliar sua compreensão e criatividade.

Essas pessoas também estão atentas aos paradoxos e buscam entender como aproveitar as sinergias para lidar com eles. Reconhecem que, em um mundo complexo e em constante mudança, a resposta pode estar na combinação de diferentes abordagens e na busca de soluções criativas que transcendam as limitações tradicionais.

O líder desempenha um papel fundamental durante o processo de transformação. É essencial que ele adote uma perspectiva de oportunidade, percebendo situações como chances de construir um futuro melhor. Além disso, deve estimular a colaboração em sua equipe, incentivando a participação ativa de todos e expandindo o alcance do time.

Em uma situação de oportunidade, cada pessoa da equipe deve se tornar um centro de conhecimento dentro da empresa. Isso significa que todos têm a capacidade de contribuir com ideias, conhecimentos e experiências, independentemente de sua posição hierárquica. O líder deve criar um ambiente que valorize e incentive a participação de todos, reconhecendo que a diversidade de perspectivas e experiências pode levar a soluções inovadoras.

As oportunidades têm o poder de gerar entusiasmo nas pessoas, tornando-as mais engajadas e motivadas a participar ativamente da equipe. É papel do líder fomentar esse entusiasmo, transmitindo a importância e o impacto positivo que as oportunidades podem trazer para a empresa e para cada membro da equipe. O líder deve encorajar a busca por novas respostas e possibilidades, estimulando a criatividade e o pensamento fora da caixa.

No entanto, essa mudança de perspectiva e papel da liderança requer uma adaptação na estrutura organizacional das empresas. Nas estruturas hierárquicas tradicionais, as informações fluem de forma linear, seguindo uma lógica de subir e descer dentro dos departamentos. O líder é responsável por administrar aqueles que estão subordinados a ele e interagir com seus pares. No entanto, em uma rede distribuída, essa intermediação hierárquica deixa de existir.

Em uma rede distribuída, as pessoas se comunicam diretamente, sem a necessidade de intermediários. Esse tipo de estrutura organizacional facilita a troca de conhecimento, agiliza a tomada de decisões e incentiva a colaboração entre os membros da equipe. O líder deve estar ciente dessa mudança e criar um ambiente propício para que as informações fluam livremente, promovendo a comunicação aberta e transparente.

Em uma estrutura distribuída em que as pessoas interagem umas com as outras livremente, mais informação circula, inspirando e ajudando as pessoas a ter mais informação, *insights* e ideias. Todos interagem com todos, sem filtros que trunquem o fluxo de informações. Em uma estrutura hierárquica, se um diretor decide não compartilhar uma informação com outro diretor, a informação deixa de circular pela empresa. Essa é, tradicionalmente, uma forma de manter o *status quo*, gerar conformidade, padronização e diminuir discrepâncias. Também é, porém, uma forma de controlar o avanço de ideias potencialmente destrutivas para a empresa ou para a posição de poder do líder.

Isso não significa que em uma rede distribuída não existam pessoas em situações diferentes, com diversos níveis de responsabilidade. A questão é que o líder passa a agir como um *hub* de informação, recebendo e distribuindo conhecimento sem truncar o fluxo de ideias. Em vez de impedir, ele conecta pessoas para que a informação circule e gere novas ideias e conhecimentos.

Por isso, o novo líder deve inspirar a criação de um novo *mindset* e guiar o time nesse processo de exploração de um ambiente que tenta equilibrar caos e ordem. O líder que não fizer isso deixará de preparar o ambiente para o livre fluir de informações que possibilita o surgimento de ideias e a criatividade nas soluções.

Outro ponto importante é que, em uma estrutura distribuída, o líder deixa de ter um time: ele passa a fazer parte da equipe. A diferença parece sutil, mas é muito relevante. Em vez de guiar SEU time, é preciso liderar O time. É pertencer a uma equipe em vez de ser dono. Ao fazer isso, o líder deixa de querer controlar as pessoas e passa a ter como foco encontrar as respostas para os desafios.

O líder em um espaço caórdico

O papel do líder, nesse espaço caórdico, é conseguir viver na intersecção entre a ordem e a desordem, perceber seu potencial transformador e ajudar todo o time (não o "seu time", é sempre bom lembrar) a entrar nesse lugar para explorar o que é novo. Trata-se de uma revolução: especialmente na segunda metade do século XX, as questões de administração estavam relacionadas ao controle e à qualidade. É o caso do Six Sigma, das normas ISO e da estruturação de processos. Quando o caos é trazido para ambientes baseados em processos, cria-se um híbrido em que existe um ambiente criativo, porém ainda estruturado, que pode, muitas vezes, gerar disrupção.

O que fazer com o ego nessa hora

Uma questão importante nessa transformação, mas muitas vezes deixada de lado, é o que fazer com nosso ego. Historicamente, o ser humano busca símbolos de poder para mostrar quem está em posição de comando, quem se destaca de alguma forma. No mundo corporativo, ao fazer isso, as pessoas passam a ter seus times, em vez de fazerem parte de uma equipe.

Um time geralmente se concentra em um objetivo específico e é composto por membros com diferentes habilidades e responsabilidades, que trabalham juntos para alcançar esse objetivo. Em um time, geralmente há um líder claro que define as tarefas, estabelece metas e monitora o progresso geral.

Já uma equipe é um grupo de pessoas que colaboram de forma interdependente em diversas atividades ou projetos. Em uma equipe, os membros podem ter funções e habilidades diferentes, mas todos são considerados iguais em importância e têm responsabilidades compartilhadas.

Se você precisa de símbolos de poder, como um escritório próprio, uma mesa maior que as outras, vaga VIP no estacionamento ou acesso ao restaurante da diretoria, e se alimenta desses símbolos, precisa mudar. Em uma empresa distribuída, em que as relações acontecem independente das relações tradicionais de poder, esse cenário de simbologia é opressor à criação caórdica. A existência de símbolos de poder leva, naturalmente, para uma situação de rede descentralizada e hierarquia.

Por isso, é fundamental que você seja o exemplo daquilo que busca na equipe que lidera. Nesse movimento caórdico, ser o exemplo significa abrir mão de símbolos de poder, caso você queira ter uma equipe criativa que leve para o ambiente de trabalho o mental, o emocional, o físico e o intuitivo, entregando o máximo possível para explorar todas as oportunidades existentes.

Entenda que essa não será necessariamente uma mudança simples. Bem pelo contrário, é esperado que você sinta dor ao longo desse processo, pois fomos educados para fazer parte de um mundo descentralizado, em que a hierarquia é importante. Quando tomamos a decisão de migrar da liderança descentralizada para a distribuída, precisamos fazer um esforço pessoal, que exige uma mudança de comportamento. Nesse momento, às vezes você irá agir de forma diferente daquela desejada, pois isso é parte de um processo incômodo de transformação interna. A transformação da empresa começa dentro de cada um dos líderes. E por isso ela é tão difícil e dolorosa.

Novos olhares para um novo mundo

Nesse momento de transição, o líder precisa conectar o antigo com o novo de forma generosa. É preciso, ao mesmo tempo, reverenciar o passado que trouxe todos até aqui e preparar o futuro. Via de regra, quando o processo de transformação digital se inicia, todos os símbolos de uma cultura descentralizada estão presentes. Ao romper essa dinâmica, a chance de destruir a integridade da empresa é muito grande. Por isso, é preciso desconstruir os símbolos antigos ao mesmo tempo em que se constroem novos símbolos. Em vez de derrubar a parede, substitua um tijolo por vez, cuidadosamente. Assim, o prédio não irá desabar.

O líder precisa entender quais são as características imutáveis da empresa e quais são as variantes culturais. Ao entender o que não muda, é possível construir o futuro a partir desses alicerces e avaliar quais pontos variáveis poderão ser mantidos. Muitas coisas que funcionaram no passado não funcionam mais, mas podem ser deixadas de lado sem descaracterizar a empresa. Outros aspectos, porém, fazem parte da essência da empresa e precisam ser preservados.

Me assusta quando vejo, em alguns lugares, a volúpia dos novos líderes em negar o passado, como se ele fosse inútil ou como se tivesse sido construído por pessoas menos inteligentes. É preciso lembrar que pessoas brilhantes trouxeram a empresa até o momento atual, mas essas pessoas viviam em outro mundo, com outros valores, paradigmas e conhecimentos. Era um momento em que o mundo descentralizado e hierárquico se apresentava como a única hipótese possível. É injusto julgar o passado como inferior: outros tempos, outras ideias.

Tenha coragem de escutar e ficar vulnerável. O ato de escutar de forma ativa permite desconstruir certezas e enxergar outros pontos de vista sobre o assunto. Isso traz vulnerabilidade, pois elimina certezas.

Na escuta ativa, o maior desafio é deixar de lado as certezas, pois ao longo da vida fomos premiados (na família, nas escolas e nas empresas) por causa delas. Boas notas na escola tradicionalmente dependem de saber as respostas certas. Cargos mais elevados na hierarquia vêm ao encontrar as respostas certas para os problemas. Fomos criados para não expor fraquezas ("homem não chora", quem nunca ouviu isso?), para demonstrar segurança e para evitar confrontos. Hoje, porém, para ser criativo é preciso estar constantemente em um espaço de desconforto. Dar visibilidade para nossas fraquezas é difícil, mas necessário.

Permitir que as fraquezas aflorem é um caminho para que possamos mudar com a velocidade necessária. Acolher nossas dores, respeitá-las e fazer as coisas com alegria é o caminho para passarmos por esse processo. Quando escondemos essas dores (o que é o normal no mundo descentralizado), não resolvemos o que temos de negativo, não melhoramos, não aprendemos a conviver e não superamos essas limitações.

Em uma rede distribuída, é muito difícil avaliar os resultados. Estamos o tempo todo em processos criativos que têm dinâmicas e formatos que mudam sempre, conforme mais dados vão sendo analisados e novas perspectivas surgem. Em um mundo de alta velocidade e inovação, as metas mudam constantemente e é muito difícil avaliar as pessoas pelos resultados obtidos. Afinal, o que é relevante hoje já não será tão importante em seis meses ou um ano, tamanha a velocidade de transformação. É cada vez mais importante avaliar toda a jornada, em vez de observar somente o resultado. Como o processo tem sido realizado? Está valendo a pena para todo mundo?

Esse é um olhar que o líder digital precisa ter. Os pontos que elencamos (valorizar o antigo, ter símbolos de poder, não demonstrar vulnerabilidade, esconder as dores e avaliar os resultados) eram aspectos muito importantes no mundo descentralizado, mas que precisam ser desconstruídos para a vida em um mundo distribuído. Essa desconstrução precisa ser feita, porém, com generosidade, sem gerar destruição.

Situações de destruição criam traumas coletivos que só conseguem ser tratados a grande custo, pois fazem com que as pessoas percam suas referências e sua própria identidade.

Por isso, é essencial que descubramos quais valores estarão presentes em nós, como pessoas, e na empresa, não importa o que aconteça. A desconstrução é uma oportunidade de solidificar o que é imutável e de descobrir novas variantes, lançando fora aquilo que não funciona mais. Quanto mais soubermos o que realmente tem valor, mais fácil é definir para onde é preciso ir. Quem não tem consciência de seus valores atira para todos os lados e não tem convicção daquilo que é importante. Isso gera insegurança, para você e para todo o grupo que está ao seu lado buscando construir algo novo.

EPÍLOGO

A evolução da tecnologia ao longo dos anos tem impactado profundamente a forma como nos relacionamos e interagimos com o mundo ao nosso redor. Uma linha do tempo marcada por diferentes plataformas tecnológicas tem moldado significativamente essa mudança.

A primeira plataforma, conhecida como *mainframe*, foi o ponto de partida desse movimento, nas décadas de 1960 e 1970. Em seguida, a segunda plataforma, representada pelos PCs (computadores pessoais), transformou a maneira como utilizamos a tecnologia.

A terceira plataforma marcou o surgimento do *wi-fi* e dos *smartphones* no início dos anos 2000, proporcionando acesso sem fio à internet em qualquer lugar e revolucionando a forma como nos comunicamos e interagimos com o mundo.

E, finalmente, a quarta plataforma, impulsionada pelo avanço da Inteligência Artificial (IA), está transformando ainda mais nossa vida cotidiana.

Essas etapas tecnológicas trouxeram avanços que permitiram uma maior facilidade de acesso às informações, uma comunicação mais rápida e uma interação mais direta entre as pessoas. Isso impactou significativamente a forma como nos relacionamos e como nos conectamos.

Mainframe

O *mainframe* foi amplamente utilizado nas décadas de 1960 e 1970. Consistia em grandes computadores centralizados acessados

por terminais remotos. Esse sistema era especialmente utilizado por grandes empresas e instituições governamentais para processar grandes volumes de dados e executar tarefas complexas.

A introdução dos *mainframes* possibilitou que empresas e instituições manipulassem dados de forma mais eficiente. Isso resultou em uma maior centralização e controle das informações, com as pessoas acessando o sistema central por meio de terminais. No entanto, a interação com a tecnologia era feita principalmente por meio de uma interface de linha de comando, limitando a experiência do usuário.

No dia a dia das pessoas, as mudanças provocadas pela primeira plataforma foram mais proeminentes no âmbito profissional do que no pessoal. A maioria não tinha acesso direto aos *mainframes* e interagia com eles através de especialistas ou terminais remotos em seus locais de trabalho ou em instituições governamentais.

Porém, houve algumas influências diretas nos indivíduos, causadas pela adoção dos *mainframes*. Por exemplo, no setor bancário, o seu uso automatizou operações como processamento de cheques e registros contábeis, o que facilitou as transações bancárias para os clientes, reduzindo a necessidade de papéis e agilizando os processos.

Além disso, essa plataforma pavimentou o caminho para o desenvolvimento de tecnologias que tiveram um impacto significativo no dia a dia das pessoas, como os PCs da segunda plataforma.

A centralização e a capacidade de processamento dos *mainframes* foram fundamentais para a evolução dos computadores pessoais, *smartphones* e dispositivos móveis. Esses dispositivos se tornaram parte integrante de nossas atividades cotidianas, desde comunicação até entretenimento e trabalho.

Portanto, embora o impacto direto da primeira plataforma no dia a dia das pessoas fosse limitado quando comparado às gerações subsequentes de tecnologia, pode-se considerá-la um precursor importante das mudanças tecnológicas que ocorreriam mais tarde nas demais plataformas.

Personal Computers (PCs)

A segunda plataforma, representada pelos PCs (computadores pessoais), revolucionou a forma como as pessoas utilizavam a tecnologia.

Ela começou a se popularizar na década de 1980, com o lançamento do IBM PC. Os PCs permitiam que os usuários tivessem seus próprios computadores em casa ou no trabalho, o que possibilitou o desenvolvimento de uma ampla gama de aplicativos pessoais e comerciais.

A popularização dos PCs trouxe a tecnologia para o ambiente do-

méstico e de trabalho individual. As pessoas passaram a ter seus próprios computadores, podendo acessar informações e se comunicar de maneira mais independente.

Isso permitiu uma maior conveniência e eficiência nas comunicações, através do uso de *e-mails*, mensagens instantâneas e *softwares* de produtividade. Além disso, o surgimento da internet facilitou a conexão global, permitindo que as pessoas se relacionassem e compartilhassem informações em escala global.

A plataforma dos PCs teve um impacto significativo no dia a dia das pessoas. Com a sua popularização, o acesso à informação se tornou mais fácil e rápido. As pessoas puderam buscar e obter conhecimentos em uma escala sem precedentes, graças à internet e aos programas de busca. Essa facilidade de acesso à informação teve um impacto profundo na forma como as pessoas aprendem, pesquisam e se mantêm atualizadas.

A comunicação também foi transformada pelos PCs. Os *e-mails* substituíram as cartas escritas à mão ou, em muitos casos, os telefonemas tradicionais. As mensagens instantâneas ganharam popularidade, permitindo a comunicação em tempo real com pessoas de diferentes lugares do mundo. A comunicação ficou mais rápida, interativa e conveniente, aproximando as pessoas, mesmo que fisicamente distantes.

No ambiente de trabalho, os PCs trouxeram uma maior eficiência e produtividade. O desenvolvimento de *softwares* de processamento de texto, planilhas eletrônicas e ferramentas de apresentação simplificou tarefas comuns e melhorou os fluxos de trabalho. As pessoas puderam realizar suas tarefas de forma mais rápida e conveniente.

Além disso, os PCs abriram caminho para um novo mundo de entretenimento. Os jogos de computador se popularizaram, oferecendo uma forma de lazer interativa e envolvente. A mídia digital, como filmes e músicas, pôde ser reproduzida e compartilhada, proporcionando acesso a uma variedade diversificada de conteúdo de entretenimento. Em resumo, os PCs transformaram a maneira como vivemos e nos relacionamos com a tecnologia.

Wi-fi e *smartphones*

A terceira plataforma tecnológica, que foi o principal tema desse livro, trouxe diversas inovações que revolucionaram a forma como nos relacionamos, comunicamos e acessamos informações. Duas das principais transformações foram a disseminação do *wi-fi* e o desenvolvimento dos *smartphones*.

O surgimento do *wi-fi* no início dos anos 2000 possibilitou a conexão sem fio à internet em diversos dispositivos. Com o *wi-fi*, o acesso à internet passou a poder ser feito em qualquer lugar, não estando mais limitado por conexões com fios. Isso trouxe uma nova era de conectividade, permitindo que as pessoas se conectassem e acessassem informações de forma instantânea em seus dispositivos.

Porém, a verdadeira revolução aconteceu com o desenvolvimento dos *smartphones*.

Esses dispositivos compactos e multifuncionais se tornaram indispensáveis em nossa vida cotidiana. Além de realizar chamadas telefônicas, oferecem uma ampla gama de recursos e serviços. Com eles, podemos realizar chamadas telefônicas, enviar mensagens de texto, *e-mails* e mensagens instantâneas, tornando a comunicação mais rápida e acessível em qualquer lugar.

As pessoas podem se comunicar com facilidade, não apenas por voz, mas também por meio de texto e outros meios de comunicação.

Além disso, os *smartphones* oferecem acesso a uma variedade de aplicativos, permitindo que realizemos tarefas como compras, operações bancárias, pedidos de comida, reservas de hotéis, entre inúmeras outras, tudo com apenas alguns toques na tela do celular.

A chegada do *wi-fi* e dos *smartphones* também transformou a forma como interagimos com o mundo ao nosso redor. Com as redes sociais e os aplicativos de mensagens, as pessoas passaram a compartilhar fotos, vídeos, *status* e atualizações em tempo real, conectando-se instantaneamente com outras pessoas ao redor do mundo.

Essa nova forma de interação teve impactos significativos na cultura e na sociedade, moldando novos comportamentos e até mesmo influenciando a formação de movimentos sociais.

Inteligência Artificial

O desenvolvimento contínuo da inteligência artificial (IA) tem despertado fascínio e medo em relação ao potencial das máquinas de adquirirem autonomia e emoções humanas. Embora isso ainda seja motivo de debate, os avanços na pesquisa em IA têm levado a sistemas cada vez mais sofisticados e inteligentes.

Regular o desenvolvimento da IA é uma possibilidade, especialmente no que diz respeito a questões éticas, segurança e privacidade. É importante superar o medo e explorar o potencial da IA para enxergá-la como uma ferramenta com potencial de trazer benefícios e melhorar a sociedade.

À medida que a sociedade avança na criação de regulamentações para a inteligência artificial, é essencial que os profissionais de educação se mantenham atualizados no uso dessa tecnologia, tanto para a gestão escolar quanto para o processo de ensino-aprendizagem, já que a escola é esse espaço sagrado da curiosidade e da investigação.

A inteligência artificial pode ser utilizada na educação de diversas maneiras. Por exemplo, tecnologias como *chatbots* educacionais podem auxiliar os alunos a tirar dúvidas e acessar conteúdos de forma interativa e personalizada.

Aprender a fazer boas perguntas certamente será uma aprendizagem garantida com esse uso. Além disso, a IA pode ser aplicada na análise de dados educacionais, permitindo identificar padrões de aprendizagem e adaptar o ensino de acordo com as necessidades individuais de cada aluno.

Outra possibilidade é o uso de realidade virtual e aumentada, proporcionando experiências imersivas e enriquecedoras.

Essas são apenas algumas aplicações da IA na educação, evidenciando seu potencial em transformar e aprimorar os processos de ensino-aprendizagem.

Como educadores, temos a responsabilidade de explorar e encontrar a melhor forma de utilizar a inteligência artificial como uma ferramenta importante para esse momento histórico que vivemos na educação.

Isso requer conhecer, experimentar e encontrar um equilíbrio entre o uso adequado da IA, aproveitando seus benefícios e potenciais, e a preservação de valores éticos e princípios educacionais fundamentais.

Devemos buscar capacitação e atualização contínua sobre as possibilidades da IA em sala de aula, bem como refletir sobre seus impactos e desafios.

Ao adotar uma abordagem orientada para o aluno e baseada em evidências, podemos integrar a IA e todas as discussões que a envolvem de forma significativa no contexto educacional, garantindo uma educação integral que promova o desenvolvimento holístico dos alunos.

Um novo salto cultural

Tenho colocado atenção em pensar em como será o impacto da IA na saúde mental da população.

As redes sociais já mostraram como a autoimagem pode ser profundamente afetada pela tecnologia.

Pensando sobre a perspectiva da IA: muitas pessoas construíram suas identidades e autoestimas com base em suas habilidades intelectuais. Elas cresceram ouvindo que essas habilidades é que tinham valor e suas vidas foram construídas em cima desse alicerce.

Com a IA realizando tarefas complexas com eficiência superior, é natural que surja um sentimento de desvalorização e insegurança. Isso pode afetar profissionais de diversas áreas, desde a saúde até a tecnologia, que podem sentir que suas habilidades estão sendo substituídas, e nesse caso, muita gente pode "ficar sem chão".

Diferente das redes sociais, onde a comparação é feita em termos de vidas idealizadas, com a IA a comparação se dá no âmbito das capacidades e competências. A IA pode realizar diagnósticos médicos, desenvolver *softwares* complexos e até criar obras de arte, gerando uma sensação de que os humanos estão ficando para trás em termos de habilidade e criatividade.

Se a identidade e o propósito de um indivíduo estão fortemente ligados ao seu trabalho e às suas habilidades intelectuais, a substituição dessas tarefas por máquinas pode levar a crises existenciais e perda de sentido. A redefinição de identidade e propósito será um desafio significativo.

Para que as pessoas lidem bem com essa transição será muito importante o suporte psicológico. Para viver bem, teremos que desenvolver resiliência, mais autoconhecimento e aceitação.

Revalorizar o que é intrinsecamente humano será a chave para o nosso desenvolvimento nos próximos tempos. Aspectos como empatia, compaixão, criatividade artística e conexão emocional são áreas em que os humanos ainda se destacam. Promover essas qualidades pode ajudar a manter a autoestima e o valor individual.

A reflexão sobre como a IA afetará a saúde mental é um passo crucial para mitigar seus impactos negativos. Promover discussões abertas e inclusivas sobre o tema pode ajudar a sociedade a se preparar melhor para essas mudanças. É um desafio que exige a colaboração de psicólogos, educadores, tecnólogos, políticos e da sociedade em geral.

Zeitgeist

Em 2024, participei do SXSW, evento de inovação em Austin/Texas (EUA). Quando cheguei de volta ao Brasil, as pessoas me perguntavam o que é e como foi o SXSW. Acredito que a melhor maneira de tentar explicar é através de uma pergunta: você já andou em uma montanha-russa? É mais ou menos isso. É uma experiência que não pode ser explicada com palavras.

Conhecer+ Experimentar = Saber.

O SXSW me levou de volta a esse lugar, onde tentar fazer as pessoas conhecerem o SXSW pode até ser possível, mas saber, de fato, o que é, só experimentando. Você pode descrever o sabor de um morango, mas só experimentando um morango fresco para saber a delícia que é.

Ainda não falei sobre o impacto que esse evento teve em mim como educador.

Então, vamos lá. Era óbvio que a IA seria o tema central. No ano anterior, o ChatGPT explodiu e a ponta do iceberg emergiu. Todos nós pudemos entender que algo novo e extremamente poderoso estava a caminho. E assim foi, a IA foi um *track* importante, muitas palestras e reflexões interessantes sobre o assunto.

Mas o que me surpreendeu positivamente foi o foco no humano. Do relacionamento (empatia, compaixão...) ao cuidado com o nosso eu mais profundo (meditação, exercícios de respiração, autocompaixão e autoempatia).

Como mencionei anteriormente, em 2010, eu estava estudando Teoria de Redes, de Paul Baran. Dava para ver que a chegada dos *smartphones*, juntamente com as redes *wi-fi* e o 5G, iria mudar a forma como as pessoas viviam (vieram Uber, iFood, Netflix, Airbnb, Waze, Instagram, TikTok...).

A tecnologia do GPS, aliada ao fato de andarmos com o celular nos nossos bolsos ou bolsas, também transformou muitos aspectos da nossa vida cotidiana. Aplicativos como iFood e Uber utilizam a localização fornecida pelo GPS para oferecer serviços personalizados e mais convenientes. Além disso, muitos estabelecimentos comerciais também se beneficiaram dessa tecnologia para atrair clientes próximos, enviando ofertas especiais e promoções diretamente para os usuários nas redondezas.

É impressionante como a tecnologia do GPS também revolucionou a forma como nos relacionamos com o comércio e os serviços ao nosso redor.

Os impactos psicológicos que as novas tecnologias estavam trazendo eram pouco previsíveis. Começamos a usá-las ao mesmo tempo em que refletíamos sobre os impactos que poderiam causar. Coincidentemente ou não, algumas doenças mentais se tornaram muito mais presentes. Questões como depressão e suicídio se tornaram pauta ao mesmo tempo em que a vida *online* se intensificava.

Desde então, pergunto-me se o *hardware* (cérebro) e o *software* (cultura) de todos os *Homo sapiens* são adequados para lidar com a vida *online*. Questiono se, da mesma forma que os neandertais foram substituídos pelos *Homo sapiens*, que foram capazes de se adaptar às novas tecnologias, estaremos nós capacitados para enfrentar essa mudança.

Alguns pesquisadores acreditam que os *Homo sapiens* tinham uma tecnologia mais avançada, que lhes permitia melhores habilidades de caça e maior eficiência em obter recursos alimentares. Isso teria dado a eles uma vantagem competitiva em relação aos *Neandertais*.

Será que estamos passando por mais uma seleção natural de cérebros e mentes capazes de suportar as novas tecnologias?

Voltando aos dias de hoje. Saí do SXSW com a sensação de que teremos que explorar o *hardware* e o *software* humano para descobrir como nos adaptaremos a um mundo em que a IA, provocada pelos humanos, nos forçará a redefinir a verdade. Como seremos capazes de saber o que é verdadeiro ou não? A verdade contada realmente importa para viver? Será que ela sempre foi uma ilusão à qual tentamos nos adaptar apenas para ancorar em uma das realidades possíveis e encontrar conforto mental?

Faço todas essas perguntas porque sabemos que as redes sociais não expressam a verdade, e mesmo assim, muitas pessoas se deprimem ao se deparar com essas narrativas e não conseguem extrair a verdade que traria algum conforto; em vez disso, vivem uma verdade falsa que sufoca o Ser.

Minha experiência e minhas reflexões atuais são sobre o Ser.

Parece-me que a primeira coisa que precisamos fazer e ensinar às nossas crianças é a conexão com o Ser. No SXSW, muitas palestras que começavam ou terminavam com meditação ou exercícios de respiração, nos trazendo ao presente, pareciam ser uma dica, consciente ou intuitiva, dos organizadores do evento.

Se, no passado, fatores críticos de sucesso incluíam ter uma boa memória, um bom raciocínio lógico e muita disciplina, agora saio do encontro em Austin com a impressão de que nossas crianças e jovens precisarão aprender sobre presença (estar presente), além de desenvolver o pensamento crítico e a habilidade de argumentação.

A memória e o raciocínio lógico serão competências que poderão ser facilmente acessadas pelas máquinas. Ah, Emerson, então você está dizendo que o raciocínio lógico não precisa ser desenvolvido?

Obviamente, não é isso que estou dizendo. O que quero dizer é que, se você tiver 3 minutos para ensinar algo a uma criança ou jovem, priorize o pensamento crítico, para que eles não acreditem em tudo o que as máquinas dirão; estimule a capacidade de argumentação, pois, quanto mais e melhor eles souberem extrair informações das máquinas, mais informações terão; e diga que, para não se distraírem com o alto volume de informação que receberão, eles deverão estar presentes.

Escolham seus lugares na montanha-russa. Mais uma aventura vai começar. Eu gosto mesmo é de ir no carrinho da frente.

Seja um conector generoso do antigo com o novo.

Reverencie o passado e inspire o futuro.

Acolha as dores e vibre alegria!

Não tenha medo da disrupção, afinal, quase metade da população mundial vive em situação de pobreza extrema.

ALGUMAS DICAS E REFERÊNCIAS QUE USEI PARA ESTE LIVRO

Filme

The Square: documentário que mostra a realidade das ruas durante a Revolução Egípcia de 2011, movimento responsável por derrubar dois governos. Vencedor de três prêmios Emmy, incluindo melhor direção de programa de não ficção.

Vídeo

Palestra de Augusto de Franco no TedxSP 2009. Disponível em: https://www.youtube.com/watch?v=-3bnzmykCiM.

Artigos e notícias

Digital Natives, Digital Immigrants. Artigo de Marc Prensky sobre os nativos digitais. Disponível em: https://www.marcprensky.com/writing/Prensky%20-%20Digital%20Natives,%20Digital%20Immigrants%20-%20Part1.pdf.

Como o Spotify "ressuscitou" o rapper Sabotage com inteligência artificial. Matéria da revista *Galileu*. Disponível em: https://revistagalileu.globo.com/Cultura/noticia/2016/11/como-o-spotify-ressuscitou-o-rapper-sabotage-com-inteligencia-artificial.html.

Livros

- *Nascimento da Era Caórdica*, de Dee Hock
- *Aperte o F5: A transformação da Microsoft e a busca de um futuro melhor para todos*, de Satya Nadella
- *Chatô – O Rei do Brasil*, de Fernando Morais
- *Diffusion of Innovations*, 5th Edition, de Dr. Everett M. Rogers
- *Virando a própria mesa: uma história de sucesso empresarial made in Brazil*, de Ricardo Semler
- *Delivering Happiness: A Path to Profits, Passion, and Purpose*, de Tony Hshieh
- *A Cauda Longa – A nova dinâmica de marketing e vendas: como lucrar com a fragmentação dos mercados*, de Chris Anderson
- *A Teia da Vida: uma nova compreensão científica dos sistemas vivos*, de Fritjof Capra
- *Antifrágil*, de Nicholas Taleb
- *A Visão Integral: uma introdução à revolucionária abordagem integral da vida, de Deus, do universo e de tudo mais*, de Ken Wilber
- *Tipos de Poder*, de James Hillman
- *Linked. A Nova Ciência dos Networks*, de Albert-László Barabási e Jennifer Frangos

AGRADECIMENTOS

Alessandra, este livro só existe porque você me encoraja e me estimula a soltar um trapézio para pegar outro e, durante o movimento, me lembra de que tudo vai dar certo. Sua presença é um constante apoio, sua confiança é um combustível que me impulsiona a seguir em frente, mesmo nos momentos mais desafiadores.

Você é a voz da razão e do coração, que inspira minha intuição, combinando sabedoria e amor para me guiar através das incertezas. Sua fé em mim é linda, e isso me dá a coragem necessária para arriscar e crescer. Este livro é, portanto, uma homenagem à sua inspiração e ao seu incansável incentivo, que tornam possíveis os saltos mais ousados e os sonhos mais altos.

O amor por nossos filhos, João Pedro e Henrique, também é uma fonte de vida e de inspiração.

Ale, João e Kiki, vocês trazem alegria e propósito à minha vida, e é por nós que busco ser melhor a cada dia.

Editor: Fabio Humberg
Capa e Diagramação: Alejandro Uribe
Ilustrações: Wilton Yoshizava
Imagens das páginas 128, 130 e 132: criadas pelo sistema de inteligência artificial Dall-E
Imagens da pág. 88: reprodução da internet, não tendo sido possível identificar a autoria. O crédito será dado em futuras edições, se identificada a autoria.
Revisão: Humberto Grenes, Cristina Bragato e Rodrigo Humberg

Dados Internacionais de Catalogação na Publicação (CIP)
(Câmara Brasileira do Livro, SP, Brasil)

Pereira, Emerson Bento
  Digital, uma mudança cultural / Emerson Bento Pereira. -- 1. ed. -- São Paulo : Editora CL-A Cultural, 2024.

  ISBN 978-65-87953-63-2

  1. Cibernética - Medidas de segurança 2. Cultura digital 3. Internet (Rede de computadores) - Aspectos sociais 4. Mídias digitais 5. Redes sociais on-line 6. Tecnologia da informação 7. Transformação digital I. Título.

  24-218025   CDD-306

Índices para catálogo sistemático:
1. Cultura digital : Sociologia 306
(Aline Graziele Benitez - Bibliotecária - CRB-1/3129)

Editora CL-A Cultural Ltda.
Tel.: (11) 3766-9015 | Whatsapp: (11) 96922-1083
editoracla@editoracla.com.br | www.editoracla.com.br
linkedin.com/company/editora-cl-a/
instagram.com/editoracla |
www.youtube.com/@editoracl-acultural691